才女书系

大唐孔雀
薛涛

繁华深处 孤独向晚

西湘 著

中州古籍出版社

前言

　　古代社会几千年来一直秉持着"女子无才便是德"的封建观念，身为女子，便只能生活在被划定的小小天地里，相夫教子，侍奉舅姑，除此之外的世界是不允许她们去探索的。因此，封建社会几千年来，文人豪客千万，才女却凤毛麟角，人们要想对她们的生活和命运进行了解也是不得其门而入。所以能为著名的才女薛涛写作评传更是本人的荣幸。

　　在我写作此书的过程中，不断有朋友问我薛涛是谁？最初，我想到的是她那许许多多的头衔：名妓、诗人、书法家、校书郎、纸业巨头、女道士、"唐朝四大女诗人"之一、"中国古代十大才女"之一、"中国古代十大女书法家"之一……可是当我获取的资料越多，却觉得对她的了解越少。她八岁即知音律，能咏"枝迎南北鸟，叶送往来风"，在少女时代因为家道中落进入西川节度使幕府成为一名乐伎，后来又成为一名女校书，历事十一镇，皆以诗受知。她制作的"薛涛笺"被后世文人称为古今绝艺，可与相如赋、青莲诗、屈子离骚媲美。可是，当我们想要更进一步了解她时，却发现那只是一个遥远而神秘的倩影。她是什么时候出生的？她的出生地在哪里？她是否真的被授为女校书？是被韦皋还是武元衡授为女校书？她与元稹之间是否真的有过一段情？她是否真的终生未嫁？她与韦皋、武元衡、段文昌、白居易之间到底是怎样的关系？……这种种谜团都需要我们来解开。她给世人留下《锦江集》五卷，诗五百首，正史中却未寻得关于她的记载，我们只能在后人的笔记和小说中找到一些语焉不详、扑朔迷离的片段。

关于她的生平，最早见于晚唐范摅的《云溪友议》，后蜀何光远的《鉴诫录》、南宋计有功的《唐诗纪事》、元辛文房的《唐才子传》、元费著的《笺纸谱》等皆有简略的记载，其中以费著的《笺纸谱》的记载最为详明，对于薛涛的家世、入节度使幕府的经历、制笺以及晚年生活都有描述。即使如此，对最重要的生卒年月都没有记载，对于想要了解薛涛的后世读者来说，是远远不够的。本书通过对前人资料的考证以及薛涛所遗诗作的研究，努力地从这些吉光片羽中试图还原出一千多年前大唐才女的风采。

　　由于史料的缺失，薛涛生平中有几个关键事件目前在史学界和文学界都存在一些争议，比如她的生卒年月和出生地、脱离乐籍的时间、"校书郎"身份是否属实等。其中薛涛的生卒年本书采用成都薛涛研究会会长刘天文《薛涛生年考辨》的观点，即781年生、832年卒；关于"校书郎"身份的认定笔者在参考了诸多研究资料之后倾向于由武元衡所授，其余种种恕不一一列举，愿与众读者共参详，并虚心接受专家、学者的指正。

　　唐朝是我国历史上文化艺术空前繁盛的时代，在这个"三尺童子耻不知书"的伟大时代，文豪才子不胜枚举，名作佳篇浩如繁星，薛涛以其调婉神秀的诗风和高雅洁丽的林下风致独树一帜。《全唐诗》中收其诗作89首，晚唐诗人张为编撰的《诗人主客图》将其列入"清奇雅正主"之"升堂"列，是唯一入选的女诗人。同时代的元稹曾有诗评价薛涛"言语巧偷鹦鹉舌，文章分得凤皇毛。纷纷词客多停笔，个个公卿欲梦刀"。不论是在当时还是后世，不论是在文坛还是民间，她都得到人们的认同和称颂，在时代赋予女性的低矮天花板之下，她将自己的才学发挥到了极致。

　　因其丰富的人生经历，薛涛为人、作诗的格局远比一般闺阁诗人要宏大，她的作品题材也更为广泛。她的诗作被后世评价"无雌声""有光融拓落之气""文采风流，为士女行中独步""得诗人之妙，使李白见之，亦当叩首。元、白流纷纷停笔"……她并不比任何男子逊色。

古时女子常被引喻为蒲草与丝萝，从身体到心理，都需依靠着磐石与乔木般的男人为生。可是，薛涛却向人们证明：世间人或可分为丝萝与乔木，可是，丝萝并不一定为女，乔木也非男子专称。她身为女子，却生为乔木。她"孤鸾一世"，却能以才自拔，以诗自守，自立自强，在我国古代妇女中拥有超脱凡俗的独特地位。

在唐朝的著名女诗人中薛涛是相对长寿的。上官婉儿因弄权被唐玄宗斩杀，李冶欠缺政治敏感度献诗叛臣被唐德宗下令仗杀，鱼玄机因杀婢被判斩首，她们都死于非命，只有薛涛如一只美丽雍容的孔雀，得以善终，这得益于她超然的智慧。她的个性温婉大气、坚忍不拔，关键时刻能洁身自好、坚持原则，又勇于突破常规，因此她才受人尊敬，"薛涛笺"才得以留传。

她以无与伦比的智慧和才华丰腴了整个古代文学史。这样一个才艺双绝的女子，让人越是了解便越是倾慕，可惜的是，无法穿越回唐朝的我们只能根据那些一鳞半爪的信息来揣测她，作自己一厢情愿的解读。要在浩如烟海的古籍中寻找与之相关的信息如大海捞针，许多资料的准确度与可信度又存疑，根据这样散佚不全的资料来写传记故事大有将来被"打脸"的风险。不过，我期待着被"打脸"的那一天。因我比任何人都更盼望着能有更多关于她的史料被人们挖掘出来，希望一睹这个唐朝才女的真颜。

感谢编辑梁瑞霞、张雯努力促成此书的面世，感谢我的朋友赵少怀在成书过程中给予我专业的指导和无私的帮助。笔者既非史学专业出身，古典文学功底也甚为粗浅，勉力成书，疏错之处还请方家指教。

西湘

2017 年 5 月

目

录

附　录

参考文献

井梧吟　薛涛

庭除一古桐，耸干入云中。

枝迎南北鸟，叶送往来风。

第一章
枝迎南北鸟
叶送往来风

幸有蜀也

　　贞元年间大唐王朝的天空是灰色的，一切都笼罩在似有若无的忧伤之中，总是不那么明朗。虽然"安史之乱"的硝烟终于在大唐的土地上消散，大明宫中唐天子的眉头却仍然紧蹙，宫廷之中、朝堂之上，甚至民间仍然不断飘来阴谋的气味。

　　世上一切美好的事物总是太过短暂，就像大唐帝国的盛世荣耀经过"安史之乱"的轻轻一撬就狠狠地覆灭。上至庙堂，下至黎民，每一个人都深感痛心，那样辉煌璀璨的繁华就像烟云一般没了影踪，再怎么努力也回不去了。

　　"安史之乱"，乱的不止是朝纲，更是天下人心。四方列国，各路藩镇，甚至普通百姓都看到了李唐王朝不堪一击的脆弱，野心家们蠢蠢欲动，渴望安定生活的百姓则惶惶不安。西北各少数民族连连入寇，河西、陇右数十州尽陷于吐蕃。广德元年（763），吐蕃贪心未止，再次大举攻唐，兵临长安城下，唐代宗逃到陕州避难。吐蕃如入无人之境，在长安大肆劫掠，无恶不作。

唐德宗继位后，为了解决心腹大患，开始向藩镇势力亮剑，各藩镇毫不犹豫奋起反抗，战乱再起。

建中二年（781），成德节度使李宝臣之子李惟岳联同魏博节度使田悦、淄青节度使李正己，及山南东道节度使梁崇义一同举兵谋反。一波未熄，一波又起，建中四年（783），泾原节度使姚令言起兵叛乱，联合太尉朱泚攻陷长安，唐德宗带领诸皇室成员在零星几个宦官的护卫下仓皇逃往奉天，并被叛军包围了一月有余。

"安史之乱"的噩梦一再重演。这是唐朝皇帝第三次出逃，天子威严扫地，再次向世人证实了李唐王朝的孱弱无能。

更可悲的是，由于禁军在这次叛乱之中的失望表现，唐德宗在平乱之后开始再度重用宦官。藩镇势力的嚣张跋扈已经让朝廷压力巨大，宦官势力又趁势崛起，皇权逐渐被架空，内忧外患笼罩着这个风雨飘摇的帝国。

眼看朝政已江河日下，日薄西山，怀抱着巨大的失望、报国无门的长安小吏薛郧选择了外放成都，举家迁至蜀中。当时的文人士子依恋京师繁华，恋栈权位，宁可减俸也不愿意外调地方，像薛郧这样主动下放的，少之又少。

比起屡遭重创的京城长安，偏安一隅的成都此时却是一片安逸景象。唐宣宗时，卢求在《成都记序》中说："大凡今之推名镇，为天下第一者，曰扬、益。以扬为首，盖声势也，人物繁盛，悉皆土著，（益州）江山之秀，罗锦之丽，管弦歌舞之多，伎巧百工之富。……扬不足以侔其半。"顾炎武在《天下郡国利病书·北直隶备录（上）》引《谷山笔麈》中也说道"安史之乱"时"（唐）未至亡国，亦幸有蜀也"。

不单玄宗入四川避乱，"安史之乱"发生后，许多文人士子也跟着入蜀，或为尽忠，或是避乱，时谓"天下诗人皆入蜀"。比如著名的大诗人杜甫。

漂泊无依的杜甫，在四川度过了他一生中最安定的几年，现存杜诗中的大半都写于这几年，其中就有《茅屋为秋风所破歌》《蜀相》《闻官军收河南河北》《秋兴八首》这样的名篇。

诗谶

在成都多年，薛郧依旧没能等来帝国的重新崛起，不过，他收获了一个冰雪伶俐的女儿，报国无门的他只能暂时将"诗与远方"的理想投注于这个天资聪颖的女儿身上。公务闲暇之余，他就在家亲自教女儿读书习字，为她启蒙，也常陪着她嬉戏玩耍。他只有这么一个女儿，因此，他鼓励女儿读书，甚至纵容她像男孩一样玩闹。

薛家的庭院有一大片浓荫，那是一棵高逾五丈的梧桐树。这棵大树的树干像一只巨大的手臂伸向天空，那树干之上的叶子像长在手臂上的无数只小手，向那过往的风，向那云端来去的鸟儿，调皮地招摇着。偶尔一阵风来，叶子便嘻嘻哈哈笑成一片，阳光便趁机滑漏下去，跌落地面。

薛郧总是一边踱步一边吟哦，女儿便跟在身后学着他的样子，一本正经地摇头晃脑，跟着一边踱步一边吟哦。他常常能从女儿身上收获惊喜，这是他寂寥的仕宦生涯中唯一的乐趣。

他念："凤凰鸣矣，于彼高冈。"

女儿便接："梧桐生矣，于彼朝阳。"

他回头对女儿亲昵地一笑，道："菶菶萋萋。"

女儿回之以调皮地一笑，道："雍雍喈喈。"

他向空中一指，吟道："庭除一古桐，耸干入云中。"这是他随口吟出的两句诗，并非书本所载，料想女儿是对答不上的。因此他说罢之后回头望着一脸稚气的女儿，静看她如何反应。

谁知年方八九岁的女儿并不以为难，稍微思索片刻便也往天空一指，朗声念道："枝迎南北鸟，叶送往来风。"

这一番惊喜非同小可，他怎么也没料到女儿竟能如此迅速地接上两句，并且对仗工整、诗意通达。虽然用语稚嫩，以物喻人却甚得其妙，自有一种烂漫童趣。那枝，那叶，可不正像一双双招呼迎送的小手，正与风、与鸟进行着对话么。

惊喜之余他又难免有些遗憾，这个聪明女儿若是个男子，长大以后定当有一番大作为。只可惜，她是个女儿身，以后不能入仕为国分忧，也不能做官庇佑一方百姓。

那时候他还不知道，他的小女儿将成长为大唐最著名的女诗人之一，并且将以女子之身进入蜀中最高官府，成为剑南西川节度使身边的"校书郎"，以她的才学替父亲实现经世救国之梦，并且"诗达四方，名驰上国"。

这个女孩便是日后被称为"女校书"的著名诗人薛涛。

薛郧反复品味着女儿这两句"处女作"，《尧山堂外纪》记载他为这两句诗"愀然久之"。虽说稚子年幼，童言无忌，可是开口作出"枝迎南北鸟，叶送往来风"这样的句子却让他隐隐感觉不祥。因为，在古代"迎来送往"为倡优所事，以薛郧的家境和教养，他当然相信女儿长大不至于沦落风尘，但是生于国家动乱不断之际，苍生如蝼蚁般朝不保息，想到这些，还是难免悲叹不已。古人又特别迷信，相信人在某些特殊时刻的言行会成为"谶语"，女儿第一次作诗便出此不祥之句，做父亲的难免会黯然忧心。

传说唐朝另一位比薛涛更加早慧的女诗人李冶曾经在五六岁时作《咏蔷薇》诗，中有"经时未架却，心绪乱纵横"。其父怫然大怒，因为"架却"谐音"嫁却"，年纪如此之小就开始预论"婚嫁"，"心绪乱纵横"更是有违女子贞静之道，因此预言女儿"必失行妇也"，后竟将她送入道观出家。

骆宾王七岁所作的"鹅鹅鹅，曲项向天歌"和薛涛的这首"枝迎南北鸟，叶送往来风"都充满童趣，一看就是稚子口吻，而李冶的这首《咏蔷薇》却完全不似儿童所作。试想哪个孩子五六岁便懂得什么叫"心绪"？还会老气横秋地用"纵横"来形容？以这样的诗句对一个五六岁的孩子下人品之论更是荒谬至极。

大凡名人、奇人，后世总能从他（她）幼时言行中找到依托，证明他（她）是天生异人，有的甚至追溯到出生时的异象，甚至出生之前的胎梦，实则大多是故弄玄虚或牵强附会而已，李冶的这一首"谶诗"明显有作伪的痕迹。

薛郧是否真的曾为女儿薛涛的两句诗"愀然久之"已不可考，不过薛涛从小便展露了她的天赋才华，而且她自小便接受着良好的教育，这是不争的事实。

眉州往事

薛涛续父《井梧吟》这一年是贞元五年（789）。此时的薛郧依然是个不为人知的小吏。他入蜀之初曾在眉州（今四川眉山）任职，后来才迁至成都。据考证，薛涛正是出生在眉州，有其诗《乡思》及《忆荔枝》为证：

乡思
峨眉山下水如油，怜我心同不系舟。
何日片帆离锦浦，棹声齐唱发中流。

诗中明确指出了她的家乡是在流经峨眉山下的岷江的沿岸。岷江发源于松潘（今四川阿坝州），自北向南一路流经成都、眉山、乐山，最后在宜宾注入长江。薛涛身在成都，经常畅想乘船顺流而下，回到她出生长大的故乡去看一看。一想到回乡，她的心情也不自禁地变得雀跃，"棹声齐唱发中流"，这个行程在她的想象中是十分快乐而热闹的，说明童年时代的记忆令她感觉十分温馨，回乡的畅想也令她备感向往。

忆荔枝
传闻象郡隔南荒，绛实丰肌不可忘。
近有青衣连楚水，素浆还得类琼浆。

薛涛出生的眉州正是荔枝的产地，在她小的时候，常常以荔枝为食，对于记忆中那种甘醇甜美的果味十分怀念。少年时代吃过的东西不一定是最好的、最美味的，但一定是最难忘的。那童真的满足是吃过多少美味食物以后都无法抹去的珍贵回忆，不管多少年以后想起来都会津津乐道。

少女时代的薛涛还有一首《送郑眉州》的诗，更进一步证明了薛家曾在眉州生活过，与眉州的故人关系密切。

雨暗眉山江水流，离人掩袂立高楼。
双旌千骑骈东陌，独有罗敷望上头。

离人临别，心事黯淡，又兼风雨欲来，连眉山、江水都如浸染愁绪，一片晦暗。送行的人独立高楼，望着离人远去的身影掩袂而泣，心中多少无奈与不舍。可见作者与这位离去的人郑眉州有着非同一般的深情厚谊。

薛郧是何时携妻女游宦至成都的已不可考，薛郧的名字只见于薛涛的小传之中，作为一个父亲的角色，附录于这个女儿的生平之中。终其一生，他只是个寂寂无闻的小吏，没有任何耀眼的功名。从薛涛幼时所打下的学养基础来看，薛郧颇有一定的文学功底，他为人清正狷介，所以一直在官场不甚得意，从未身居高位，也未攒下什么家财。

后来，川军与吐蕃的一场大战改变了两国之间的局势，四川在吐蕃多年的压制下终于开始"雄起"，薛郧这个闲职小吏也迎来了他事业的第二春。

武侯转世

作为京师长安的后花园，唐朝皇帝的"避难胜地"，同时作为控扼蛮落、限制戎羌的军事重地，四川虽然偏居西南一隅，却在唐帝国的军事版图上据有十分重要的一席之位。四年前，剑南西川节度使府迎来了它的第二十九任主人——人称"诸葛武侯转世"的中唐名臣韦皋。

韦皋的一生充满了传奇色彩，关于他日后显达的预言在他刚满月的时候就已经出现了。

《太平广记》中记载了一则传说，在韦皋满月的那天，家里为他摆宴庆祝，有一个样貌丑陋的胡僧不请自来，仆人觉得这人面目可憎，估计就是死皮赖脸来蹭吃蹭喝的，但是大喜的日子又不好赶人走，便草草安排他坐在院中的破席之上，那胡僧却也不以为意。等到韦家人将婴儿抱出来时，胡僧不由分说大步向前，对襁褓之中的韦皋道："别久无恙乎？"更奇的是婴儿见了这丑陋胡僧没有害怕得哇哇大哭，却"若有喜色"。韦皋的父亲韦贲奇怪地问道："这孩子才出生一月而已，为何师父却说'久别'呢？"胡僧一开始还推说天机不可泄漏，韦家人缠问不休，他才说道："此子乃诸葛武侯之后身耳。"还说自己曾在剑门与这孩子有深厚交情，如今听闻他转世降生在韦家，特意来问候故人，并预言韦皋日后将再次成为蜀地统帅，造福蜀人。

这位胡僧行踪神秘，言语蹊跷，充满玄机，颇有点《红楼梦》里的神仙僧道二人组的味道。有意思的是，韦皋的生平还真被他说中了，贞元元年（785），韦皋果然被授剑南西川节度使。

韦皋学兼文武，在战场上挥斥方遒之余也能提笔作诗，亦是个风雅之人。《全唐诗》中收录了他的三首诗作，《全唐文》录其文十篇，《唐文拾遗》补录有文两篇，从这些作品来看，他在文字方面颇有修养。

同时，他也是一个浪漫爱情传说的男主角。

年轻时的韦皋曾经游历江夏，住在一位姜姓的郡守家里，与姜家的儿子姜荆宝结成好友。荆宝有个小丫鬟名叫玉箫，年方十岁，常常被荆宝遣去伺候韦皋。韦皋在江夏一住几年，与玉箫互相爱慕，两人山盟海誓、难分难舍。后来韦皋接到家中叔父来信，命他回家省亲，他不得不与玉箫告别，临走之前赠予玉箫一枚玉指环，并且与她约定，少则五年，多则七年，他一定回来娶她。

五年过去，韦皋没有回来。七年过去，韦皋还是没有回来。第八年的春天，玉箫绝望地说："韦郎肯定不会回来了。"然后绝食而死。姜家人怜其坚贞，将玉环与其同葬。

至贞元元年，韦皋镇蜀时提取狱中犯人审案，重遇故交姜荆宝，这才知道玉箫为他痴情至死。他感念其深情，从此开始抄经、修佛，捐出自己的俸金促成了乐山大佛的完工。他还四处访求术士，希望能借仙道之法再见玉箫一面。有个叫李少君的人用招魂术帮他完成了这个心愿，玉箫的魂魄对他说："承仆射写经造像之力，旬日便当托生。却后十三年，再为侍妾，以谢鸿恩。"

数年之后，韦皋生日，收到东川卢八座的一份寿礼，乃是一名十几岁的歌女，名唤玉箫。韦皋仔细一看，俨然便是年轻时的恋人玉箫的模样，最奇的是她的手指上长了一个肉环，正是当年他留赠给她的玉环的样子。

他有一首诗《忆玉箫》，展现了他铁骨柔情的一面：

黄雀衔来已数春，别时留解赠佳人。

长江不见鱼书至，为遣相思梦入秦。

他与玉箫的这桩浪漫传说被范摅记载于笔记小说《云溪友议》中，后被元朝的乔吉改编成戏剧《两世姻缘》，至清康熙年间仍在舞台上演。韦皋这个铁血悍将作为一个缠绵悱恻的爱情故事的男主角形象被留在了戏剧的舞台上。

韦皋镇蜀二十一年，"数出师，凡破吐蕃四十八万，禽杀节度、都督、城主、笼官千五百，斩首五万余级，获牛羊二十五万，收器械六百三十万，其功烈为西南剧"。

因为唐王朝在与吐蕃的战争中占了上风，原本持观望态度的南诏宣布脱离吐蕃，重新向大唐纳贡，大唐与南诏国中断了二十余年的外交关系终于得以恢复。同时韦皋又招降、安抚西山羌蛮的羌女、诃陵、白狗、逋租、弱水、清远、南水、咄霸八国的酋长，使之入朝进贡。

西南局势一稳定，韦皋便大力推行"启戎资益"方针，重开"南方丝绸之路"，鼓励各民族通商以化解民族矛盾。边境各民族、各国之间不断互派使者增强交流。贞元九年（793）五月，南诏王异牟寻遣三组使者，分别从戎州（今四川宜宾）、黔州（今四川彭水）、安南（今越南河内）至成都。十月十八日，韦皋遣其节度巡官崔佐时赍诏书往南诏，并自为帛书答之。

薛郧也被派遣出使南诏，沿"南方丝绸之路"入滇，为大唐与南诏来年的"点苍会盟"作准备。这场会盟将结束两国之间四十余年的战争，也将令吐蕃独木难支，再难与大唐抗衡，其重要程度不言而喻。

薛郧怀着满腔热情自成都出发，却不料，此一去便再也没能回来。

孤女薛涛

自蜀入滇，山高谷深，路途崎岖多艰，许多地方都有"摔死山羊弯死蛇"之称，即使是在今天，入滇之路依旧是对老司机们严峻的考验，何况是在交通十分不便又兼边患不断的唐朝。

薛郧低估了这一路的艰险，他在途中水土不服，染上了瘴病。

《后汉书·南蛮传》中记载了古时西南林区的瘴气之猛："南州水土温暑，加有瘴气，致死者十必四五。"南朝的鲍照在《代苦热行》中记录了行走在这一带的体验："瘴气昼熏体，菵露夜沾衣。"湿热且密不透风的林区最适宜病毒的滋生和传播，加上途中缺医少药，就医不便，书生薛郧的体格不足以抵抗凶猛的病毒，很快便病重身亡，客死异乡。

梧桐树下不再有父亲高大的身影，不再有他朗朗的读书声，再也没人批评她的笔力不够峥嵘，再也没人逐字逐句修订她的诗作。她比以往任何时候都更认真地读书写字，想再看到那熟悉的赞许的眼神，想再听到那一声熟悉的表扬，可惜再也不能了。她想站到比那梧桐树更高的地方去看一看，父亲到底去了哪里？她想问一问那南来北往的风，父亲何时会归来？她想请那翻山越岭的鸟儿带个问讯给远方，问候父亲可否安好？可是，除了母亲哀哀的哭泣声，她听不到任何应答。

两袖清风的小吏薛郧没有给孤儿寡母留下多少财产，由于薛家的原籍在长安，成都没有任何亲朋故旧，没有宗族照拂的母女俩很快陷入困境。失去父亲的薛涛由母亲宋氏勉强抚养至及笄，便不得不开始担起了养家的担子。

关于薛母，无论是史料还是薛涛的作品都没有提及。她的寡母可能如同那个时代绝大多数的妇人，在家从父、出嫁从夫、夫死从子，默默无闻，从此隐身。在薛涛此后经历种种艰辛困苦之时，都再也没见过这位母亲的身影。甚至当她放弃良家子的身份加入乐籍，做母亲的也没有拦阻这件事情的发生。要么是这位母亲软弱无能至极，要么是她也随夫仙去。否则，以一位书香之家的家教，薛勋生前又那么重视女儿的教养，即使是穷困到没有饭吃，薛母也是不会让女儿沦为乐伎的。可是，以薛郧的素养，他的妻子应该不至于是个全无见地的无知妇人。因此，很有可能是在父亲薛郧死后，薛涛的母亲也没有坚持多久，亦随之仙去了。

元代费著的《笺纸谱》载："薛涛本长安良家女，父郧因官寓蜀而卒，母孀，养涛及笄，以诗闻外，又能扫眉涂粉，与士族不伴。客有窃与之宴语。"可见在这一时期，薛涛已经以诗闻名，以诗谋生，以诗会友，并且有了自己的社交圈子。

孤女薛涛虽然家无长物，但是拥有一身才艺，容貌也颇为出色。后蜀何光远的《鉴诫录》记载："薛涛者，容姿既丽，才调尤佳。"因为出身官宦之家并且从小接受良好教育，又生得花容月貌，品味脱俗。才貌双全的薛涛很快便在成都社交圈崭露头角，成为一名才名远播的新秀。很快，她的影响力便大到连节度使韦皋都有所耳闻。

作为一方霸主，收揽治下的各等能人异士充为己用是一项十分重要的工作，韦皋镇蜀二十一年，地位固若金汤，可见他十分知人善任。薛涛虽为一闺阁女子，却能以诗闻名，得到成都文人士族的普遍认可，自然是有两把刷子的。何况，传说中这小妮子还生得姿容不俗，如此才艺双绝的佳人岂可错过。于是，韦大人也对这个小姑娘产生了浓厚的兴趣，召令入府一见。

接到节度使韦大人的召令，薛涛心里应该是既惊又喜、既自豪又羞怯的。

作为一名才女，她当然希望自己的才华能够广为人知，最好能被更有才华和更有权势的人所知，如此，方不负她多年苦学，她的生活也才有希望得到根本性的拯救。而今，节度使大人竟然对她青眼有加，这无疑是一个十分难得的机遇。

及笄之年的她，原本也可以选择嫁作人妇，从此相夫教子烟火平生。可是，她出众的才华与美貌，以及自小接受的教育，使她在择偶一事上理所当然地会有一些傲气，寻常俗子难以入她的眼。她理想中的白马王子，必须是一个盖世的人物，终有一天会踏着七色祥云来娶她。可是，十六岁的薛涛站在她当时的位置放眼四望，暂时还看不到这个人物的影子。

父亲从小便惋惜她不是男儿身，无法做出一番光耀门楣的大事业，她心中一直暗暗不平，凭什么女人只能嫁人生子，一辈子囿于闺阁之中？她偏要打破这个樊篱，做一个不让须眉的女子。作为蜀地的最高长官，韦皋无疑是薛涛在当时所能接触到的最大牌的贵人。因此，她不但没有羞怯畏缩，而是毫不迟疑地接受了韦大人的宣召。

虽然她对自己有着充分的自信，可是，心中也难免有些忐忑。韦大人文武双全，阅人无数，她一介孤女，所谓的才华搞不好只是小圈子里井底蛙的沾沾自喜而已，要如何才能一鸣惊人跃上枝头呢？若是见了贵人表现不佳有失风仪，会不会沦为蜀中笑柄？怀抱着如此骄傲而又矛盾的心情，十六岁的薛涛第一次走进了西川节度使幕府。她不知道这个富丽堂皇的府第，是一个黄金铸造的牢笼，是她展露才华的壮丽舞台，也是困锁她一生的关隘愁城。

当她清润的眼眸第一次倒映出那些飞檐斗拱，当她柔丽的裙裾第一次漫过那重重门槛，她心里只有好奇与欣喜。虽然谜底马上就要揭晓，但她的小脑瓜里依旧兴奋地猜个不停。那位神威凛凛的韦大人到底长得什么样子？他一定是高大威猛、气势如虹吧，不然哪能令三军震慑、蛮夷畏服？不过，他既能在战场上纵横捭阖，也能提笔著文写诗，那他的刚猛之余一定也带着几分文士风雅。那么，日常的他会更像一个武将，还是一个文官呢？

初入幕府

她在书房的外厅等候节度使大人的召见。这书房的陈列疏落有致，低调之中透着华美，书案前一只当时正盛行的簸箕砚早已磨好，墨堂前低后翘，砚形前窄后宽，质地细润，笔架上搁着一支上好的中山兔毫鸡矩笔，四壁全是书，置身其中，像是浮游在一片书香的海洋。她从未见过如此文雅舒适的书房，想到若是自己能在这儿把这些书都读上一遍该是多好。可是，这是高不可攀的西川节度使大人的书房，她一介孤女，此生能在这儿稍作驻足已属万幸，又怎么有福气终日与这些书香为伴？但是，不管怎么说，她喜欢这个地方，这一趟不论结果如何，也算长了见识了，不算白来。她又深吸了一口气，贪婪地把那书香吸进腹中去，顿觉心地澄净。

韦大人终于出来了，他的手中握着一张纸卷。她行礼参拜之后便迫不及待地抬起眼帘注视着眼前这位蜀人乃至整个大唐百姓心中共同的战神。只见他轻袍缓带一身便装，因为长年征战难免憔悴风霜，加上年已五旬，两鬓已星星，目光却如钢铁般坚毅，丝毫不见老迈。此刻的他，虽未着戎装，却自有一种杀伐决断的豪杰气概，叫人见了便为之折服。他置身于这一屋子淡然高华的书墨香气中，宛若天神。

这小女娃儿胆子倒不小，竟敢无所畏惧地盯着老夫瞧。韦大人不禁莞尔一笑，放下手中案卷，缓步向她走过去。那老夫也得好好把你瞧一瞧。

果然是个美人！五官清丽如水，眉眼之间还有几分英气，令人见之忘俗。

"你刚才说，你叫什么名字？"

她的脸微微一红，女孩家的闺名原不得随意向外人透露，不过在这位年纪可做她父亲还有余的节度使大人面前，大可不必去讲究这些虚礼，因此便朗声答了："回大人，民女薛涛，字洪度。"吐字斯文却又不卑不亢，掷地有声。

"嗯，好名，好字，不似一般闺阁名字那么小家子气，倒有点像个男孩的名字。"

"闺阁之名不过寄寓双亲之期望，女儿名字'小气'不过是因为父母期望女孩儿贞静柔顺、谨言慎行，如若父母期望他们的女儿跟男孩儿一样建功立业大展宏图，那她们的名字自然就不会'小气'了。"

"哦，你说得有道理。"韦大人拈须一笑，竟不以为忤。这小女子真是初生牛犊不怕虎，在他韦皋面前竟然毫无惧色，反倒还敢侃侃而谈、咄咄反诘，这等见识气度果然不同于寻常闺阁。

他问道："那么令尊大人一定是希望你能够有海纳百川之量喽？"

"大人见笑了，家父只是希望小女能够略识得几个字，不要鼠目寸光而已。"

他含笑点头，将手中纸卷展开，原来是她所书的诗作。她不禁有点怯场，微微低下头去，不敢再看他的面目神情。

只听韦大人连声道："可惜了，可惜了。"

他当真是小瞧了她，只道她一个十五六岁的小女娃家家，顶多会些莺莺燕燕的婉丽之辞，却不料她胸中竟有史家情怀，她的诗作完全不似闺秀手笔，再加上一手好字，更让人不敢相信是出自一个年方及笄的少女。

她心头一惊，莫非此诗不入贵人眼，他是在替那笔墨纸砚可惜？

"这等才气不让须眉啊，若为一男子，当为可用之才。"

她心中一块石头落了地，不禁有些许得意。不过他这话同时也激起了她心中的愤懑，在她幼时，父亲何尝不曾这样对着她惋叹过。她小声地抗议道："即使是身为女子，只要有机会，一样可以成为有用之才。"

他又吃了一惊，连道："好好好，有志气。"

抉择

他接着说："那么，本官若给你一个机会，你愿意留在我府中成为一个'有用之才'么？"

也许是这位节度使大人浑身的气度折服了她，他天生的凛凛神威让她不自觉地就想要服从于他，她甚至急于想要抓住这个机会证明给他看她可以。因此，她几乎是毫不犹豫地回答道："小女子愿意！"干脆到连她自己都吃了一惊。

"可是，府中没有女官之职，你若入府，只能入乐籍，充作官伎，你可要考虑清楚了。"

在那决定命运的一刹，她不是没有犹豫过。双亲已不在，她既无叔伯舅姑，又无兄弟姐妹，只能自己为自己做主了。家境贫寒，自己又不愿嫁与凡夫俗子为妻，孤身一人总不是长久之计，可悲的是女子不能读书入仕，不然还可以去科场上一决高下。眼下正是大好年华，又不可能出家或者入道，而眼前的机会稍纵即逝，像韦大人这样的伯乐百年难遇，错过可能就不会再有了。

也许，这就是命运的安排吧。

薛涛对于自己的天资、自己的勤奋十分自信，只要给她机会，她也可以以才艺闯出一片天地。她不要做一个凡俗妇人，她要为了理想而奋斗，成为一名"职业"女性。

"即使是入了乐籍，只要我洁身自好力争上游，绝不自降品格，何况又有韦大人撑腰，世人必不敢小看我。"女孩暗暗下定了决心，对着她生命中的第一位贵人稳稳地点了点头。

贞观十一年（637），十四岁的武则天被唐太宗召入宫封为才人，其母杨氏为女儿从此"一入宫门深似海"而痛哭不已。古代女子入宫为妃嫔一般被认为并非幸事，除了极个别的人能够得蒙圣宠，光耀门楣，绝大多数都是孤独老死宫中。即使是侥幸得到皇帝的眷顾封妃、封嫔，可是伴君如伴虎，大多也难得善终。古往今来，多少"宫怨"主题的诗词都在刻画着深宫女子的寂寞和痛苦。因此，为人父母者多不愿女儿入宫，年轻的女孩子们自然也不愿意远离父母独入深宫。而武则天却反过来安慰母亲道："儿入宫侍奉圣明君主，焉知非福？何必作儿女之悲。"

薛涛此时此境也与当年的武则天差不多，虽然她是因诗才被韦皋钦点入府的，不同于一般以色侍人的乐伎，可是毕竟是由良家子变身为"贱民"，她被打上这个耻辱的标签，等于失去了与良人婚配的机会。尽管她的初衷是为了谋求生计以及实现她的理想，可是谁知道这"曲线救国"的方针最后是什么样的结果呢？在一般人看来，她这个年纪的女孩子家，就应该趁着青春美貌选一个不错的男人嫁了——以她的姿色才气，这并不是难事——从此安安稳稳地做一个大门不出二门不迈的少奶奶，算是终身有靠。自降身份去做供人玩赏的乐伎，实在不是明智之举。而少女薛涛却逆势而行，坚定地选择了属于她自己的道路。

试想，如果她走了大多数女人所走的路去相夫教子，对于当时的社会不会兴起一丝波澜？这样的妇人多如牛毛、渺如草芥，只能淹没在历史的烟尘中，不值一提。相对应的，大唐就少了一位名垂千古的诗人。少了这样一位优秀的女诗人，对于西川的文化史来说，更是不可估量的损失。可是，对于薛涛本人来说，少女时代所做的这一决定到底是幸，抑或不幸，在后来的岁月中一定被她回味揣摩过无数次，千百年之后的我们却是无法评说了。

笔离手　薛涛

越管宣毫始称情，红笺纸上撒花琼。

都缘用久锋头尽，不得羲之手里擎。

第二章
闻道边城苦
而今到始知

"女校书"之谜

　　薛涛顺利地入了幕府，很快获得了韦皋的宠爱，成为幕府中最有名的一名官伎。

　　关于韦皋与薛涛的关系，历来众说纷纭，至今未有定论，很多人将薛涛归为韦皋的侍妾一流，笔者认为有待商榷。

　　其一，薛涛入幕府时年方及笄，而此时的韦皋已经是个老头子，一个十六，一个五十，年纪相差太过悬殊，彼此之间很难产生情意。

　　其二，韦皋如果真对薛涛有意思，大可以在她入府时直接纳为小妾，而不必让她入乐籍。不过话又说回来，如果当时他要纳薛涛为小妾，也许薛涛未必会愿意。她正是为了逃避婚姻的窠臼而进入幕府的，如果结局是作为节度使的金丝雀关进笼子，那还不如嫁一个年貌相当的寻常青年安安生生过日子。

其三，韦皋听闻薛涛乃是因为她的"才名"，而非"艳名"，川蜀多佳丽，绝色女子易得，而如此才女却是百年难遇。作为西川最高统帅，他理应比薛涛本人更能看出她的价值所在。如果仅仅是把她收为小妾，他只不过能得到一支解语花，让她进入幕府与士子们酬应交际，同时为他处理案牍文书，方能最大限度地挖掘她的才能。

其四，如果韦皋与薛涛之间真的存在男女关系，那么，试问她怎么可能再大大方方地与诸多官员才子来往？谁敢与独断专横的"蜀地天子"的爱妾赋诗对饮？

综上，笔者认为，在韦皋眼里，薛涛始终不过是一个女下属，而非侍妾。

在韦皋的幕府之中，薛涛虽名为乐伎，实际上却相当于节度使大人的女秘书，只有在相当高级别官员的酒宴之中，她才会行乐伎之职，侍酒劝乐。当然，在这种场合，那些官员们也不敢真的对她以乐伎相待，他们更多的是与她吟诗作赋，行令对酒。

她的身份极为特殊，是韦皋身边十分亲密的人，她出身官宦家庭，有着较高的文化素养，又生得美丽婀娜，虽然身份低贱，却是谁都不敢小觑她。最为人称奇的是，她虽为女子，又身为乐伎，却无"雌态"，不论为人或作诗，她都有着一种不可折堕的风骨。她不像一般寄生于强权之下的女子那么乔张做致，也不奴颜媚骨去讨好、奉承男人。

北宋《宣和书谱》赞曰："妇人薛涛，成都倡妇也。以诗名当时，虽失身卑下，而有林下风致，故词翰一出，则人争传以为玩。"可见薛涛当时虽然身为低贱的乐伎，但在时人心目中她更多是一名有着"林下风致"的诗人，人们更关注的是她的才华。因此，与其说她是韦皋幕府中的一名"乐伎"，毋宁说是一名"诗伎"。

她的成长十分迅速，不论是文牍之才，还是时事见解，她都不比幕府中的"校书郎"们逊色。后来，韦皋干脆戏称她是府中的"女校书"。一时间，府中幕僚、官员们也纷纷凑趣，直呼薛涛为"薛校书"。薛涛的"女校书"之名便发轫于此。

"女校书"已成为薛涛的千古美名，但是她到底是否曾被正式授为"女校书"，又是被何人授为"女校书"，却一直充满了争议。

"校书"这一职能最早出现在汉朝，曹魏时期正式置官，称为秘书省校书郎，隋、唐称校书郎。唐朝的时候秘书省、集贤殿、弘文馆等设置了校书郎一职，负责掌校典籍。理论上来说，校书郎这个职务只有中央才有，这个职位的阶品虽然不过正九品，但是任职要求很高，一般需要进士出身。比如元稹、白居易中进士以后都曾被授予秘书省校书郎，杜牧、柳宗元、王昌龄等许多进士出身的著名诗人都曾经做过校书郎。

在当时，节度使幕府相当于地方的小朝廷，它也有许多典籍校勘之类的文书工作，因此，藩镇幕府中也设有校书郎一职，由节度使选拔文人士子充任此职。比如段文昌刚入蜀时并无功名，白衣入幕，被韦皋授为校书郎。在薛涛留存的诗作中，《赠韦校书》《赠段校书》《赠李校书》等都指的是西川幕府中的校书郎。

很显然，薛涛没有进士出身，不可能成为朝廷任命的校书郎，那她是否曾被授为幕府校书郎呢？

现存典籍中关于奏授薛涛为"校书"的记录众说纷纭，并无确凿定论。

《鉴诫录》载："大凡营妓，比无校书之称，韦公南康镇成都日，欲奏之而罢，至今呼之。"

《唐诗纪事》《笺纸谱》《全唐诗》的记载皆从上之说，认为韦皋镇蜀时曾经欲奏封薛涛为女校书，但是因营妓低贱，无此先例，遂作罢，只是留下了一个"女校书"的雅称，并无实职。

《郡斋读书志》和《唐才子传》则记载：及武元衡入相，奏授校书郎。蜀人呼妓为"校书"，自涛始也。

武元衡是否在元和年间奏授薛涛为校书郎容后再论，先说韦皋是否可能奏授薛涛为女校书。

韦皋虽然也善属文，但他个人的风格气质偏向铁血武将居多，为人处事颇有点大男子主义。他虽然破格让薛涛进入幕府，却又让她入乐籍，沦为乐伎，可见他对薛涛的赏识是有限度的。他并没有真正地去怜惜和同情这个孤女，而是高高在上地利用她的才华来为自己的政绩增光添彩，后来的罚边事件更加证明了他对薛涛的真实用心。她虽然努力以才自拔，将自己与寻常乐伎区别开来，但是在他眼中，并没有本质上的区别。授一女子"校书郎"本来已是冒天下之大不韪，何况是一个乐伎？韦皋是个官场中成熟精明的政客，不是个心血来潮的浪漫书生，他既让这个女子沦入风尘，又再去费劲提拔洗刷，岂不是矛盾至极？

从记载来看，薛涛在韦皋幕中一直都是乐伎的身份，以乐伎之身不可能兼任校书，所以，笔者认为，韦皋绝无可能授薛涛为"女校书"，"女校书"不过是韦皋爱悦有加之时的一个戏称而已。

神鸟孔雀

虽然并无"女校书"之职，但是韦皋的宠爱，众人的抬举，已经使得薛涛在西川节度使幕府中处于一个十分独特的地位。

她有才有貌，又善解人意，共事的幕僚、官员们都愿意跟她打交道，他们不但可以与她诗文相和，还可以与她谈经论道。幕府中往来的都是西川政界、文化界的名流，与他们的交流探讨拓宽了她的知识面和视野。她身为乐伎，不必如寻常妇人般避忌男女之防，她可以大大方方地进行这些社交活动，她的朋友圈子之广，精神生活之丰盛，为人处事之大方得体，即使是那些官员的妻妾们也是不能比的。

踏入幕府，除了在户籍上沦为贱民，眼前看起来似乎并没有什么明显的坏处。她大口大口地呼吸着自由的空气，努力地增加自己的学养和见识，绽放着自己的才华和魅力，接受着四方士子的倾慕。很快地，她的名气便走出四川，冲向全国。

后蜀史书家何光远在《鉴诚录》中说：薛涛"每承连帅宠念，或相唱和，出入车舆，诗达四方，名驰上国。应衔命使车，每届蜀，求见涛者甚众"。

青春少艾的薛涛迅速地成了西川大地的头号女神，甚至整个唐帝国都已响彻她的诗名。但凡有诗人才子入川，必定想方设法求见涛姐金面，否则便算是白来了。官吏小宦们要想谋官或者谋利，如能得到涛姐金口指点一番，那也是事半功倍。要想知道西川军事、政治上会有些什么新动向，甚至韦皋大人最近心情如何，那也得从涛姐这儿入手。

张爱玲说过"成名要趁早"，薛涛稳稳地把握住了进入幕府的这次机会，在"职场"上平步青云，名利双收，一时风头无两。

贞元十五年（799），韦皋又迎来他事业的一个小高峰，段文昌等著名才子来到西川加入了他的幕府，被他授为校书郎。此外，更有一件大喜事降临到成都。为了感恩剑南西川节度使韦皋为东南亚各族人民带来和平，南越国向韦皋敬献了一只神鸟孔雀，经由清溪道运至成都。

孔雀自古便被喻为"吉祥"的象征，非功勋卓烈者不能有。早在春秋时期，《周书》中便有"成王时,西方人献孔雀"的记载,《汉书》中也有"尉佗献文帝孔雀二双"。南越进献的这只孔雀具有重要的政治意义，意味着"南蛮"对唐王朝的臣服，以及对韦皋个人的崇拜，这是大唐国力重振的一个重要标志。

这一殊荣让幕府上下喜笑颜开，也令成都百姓大开眼界。

孔雀到达成都的那天，整个锦官城都轰动了，人们奔走相告，争相瞻仰神鸟的风采，不停地发出惊叹：这不就是天上的凤凰吗？那华丽的羽毛，高傲的身姿，尊贵的仪态，夺目的神采，这哪里是人间的凡鸟可以相比的？

韦皋这一天心情大好，带领幕府上下齐来迎接"神鸟"大驾。众人恭贺颂扬不绝，直把韦皋喜得找不着北，一迭连声唤薛涛前来，笑容满面地问道："洪度，你说，这只'神鸟'该怎么安置才好？"

薛涛回道："洪度认为，不如就在府中开笼设池以栖之，好生供养，以谢南越献礼之德，也好向往来的各国使者扬我大唐国威，以彰大人的神武功名。"

韦皋当即下令："好，就按你说的办！"

"这等神鸟的绝世风采，我看只有府里的'薛校书'差可比拟。"一位翩翩书生由衷地赞道，其他官员们纷纷点头称是。

那书生正是才入幕不久的校书郎段文昌。薛涛与他互相闻名已久，却未曾交谈过，她闻言遥遥地向他点头致谢，他也微微颔首。从此，他们将成为毕生的挚友。

待人群散去，薛涛悄悄站在孔雀笼子前与之对照，少女的心中充满窃喜。一样的光芒四射，一样的美丽动人，一人一雀俨然照镜一般。那段文昌说得没错。从此，西川节度使之中有了两样稀世珍宝，一是"神鸟"孔雀，二是"女校书"薛涛。二者都是节度使韦皋的心头爱物。

年少轻狂

有了薛涛这样体贴细致的秘书，韦皋处理起公务来更加得心应手、俱事无遗。"神鸟"入府，让韦皋的威名更加响彻四方。加上"诸葛武侯"转世的传说，加持西南边疆愈加稳固，除了吐蕃以外，各少数民族再无异动。

韦皋的权势愈盛，薛涛的风头也就更劲。她沉浸在"烈火烹油""鲜花着锦"的巨大喜悦中，得意到甚至有点忘了自己的身份。《鉴诫录》中称薛涛"言谑之间，立有酬对"。可见她一向反应机敏、能言善辩，加之少年得志，愈发显得伶牙俐齿，以致一不小心便得罪了人。

宋人王谠编撰了一本唐人逸事集《唐语林》，广泛记载唐代的政治史实、宫廷琐事、士大夫言行、文学家逸事、风俗民情、名物制度和典故考辨等，其中记载了与薛涛有关的一则逸事：

> 西蜀官妓曰薛涛者，辩慧知诗。尝有黎州刺史作《千字文令》，带禽鱼鸟兽，乃曰："有虞陶唐。"坐客忍笑不罚。至薛涛云："佐时阿衡。"其人谓语中无鱼鸟，请罚。薛笑曰："衡字尚有小鱼字，使君有虞陶唐，都无一鱼。"宾客大笑，刺史初不知觉。

出了洋相的黎州刺史名叫韦晋，出身望族，是个武官，曾为韦皋"拒吐蕃，服南诏"立下了汗马功劳。

这位韦大人要么就是真的不怎么通文墨，要么就是酒喝多了断篇儿了，以致"虞""鱼"不分。在座的其他宾客都听出了他的错误，却"忍笑不罚"，都觉得犯不着去得罪他。到了薛涛这儿，她却毫不客气地揭破了刺史大人的口误："我的'衡'字里头可有个'小鱼字'，您的'有虞陶唐'哪个字都没有'鱼'啊。"一时间宾客纷纷大笑，刺史本人犹不知觉。不过，待他回过神来，又会如何看待薛涛呢？如果他向来是个开得起玩笑的人，想必别的宾客也就不必"忍笑不罚"了，聪明剔透的薛涛会想不到这些吗？当然不会。只不过在当时，以她在幕府中的地位以及恃才傲物的少年心性，不屑于去注重这些小细节。反正就算她开罪了这位刺史。有韦皋做靠山，他也不能拿她怎么样。

后蜀何光远称"涛性狂逸"，"千字文令"一事似乎可以印证。

她的"狂逸"不止于酒席宴饮之间的不拘小节，还发展到替韦皋收受金帛。何光远的《鉴诫录》卷十中记载"应衔命使车，每届蜀，求见涛者甚众"，涛不顾嫌疑，所遗金帛，"往往上纳"。对于收受金帛这一行为薛涛是毫不避嫌的。

《资治通鉴》中记载："皋在蜀二十一年，重加赋敛，丰贡献以结主恩，厚给赐以抚士卒。士卒婚嫁死丧，皆供其资费。"

唐中晚期，藩镇逐渐坐大，各个节度使在辖区内全方位掌握军事和财政大权，俨然一个小朝廷。韦皋这个"蜀地天子"不管是对老板大唐皇帝还是下属员工，出手都十分阔绰，每年缴纳巨额岁贡给皇帝，给士卒待遇也十分优厚，婚丧嫁娶都给发钱。也正是因为这些笼络人心的政策，手下官军将士们才能全力以赴地为他卖命，唐天子也愈加相信他的忠心，放任他在这"天府之国"一方独大二十一年。

韦皋的财政实力如此雄厚，钱都从何而来呢？他的办法是"重加赋敛"。因此，当西川的官员们任期届满想返回长安之时，他往往会出尽奇谋加以阻挠，因为他不想让朝廷过多地知道他在西川的经营状况。当然，他也并非一味地"横征暴敛"，当"府库既实"时，他也会"时宽其民"，让老百姓休养生息。

严格说来，韦皋并不能算一个清官，他是个不拘一格又有勇有谋的枭雄，薛涛的"狂逸"可能多少也受了他的影响。薛涛替他收受金银表面看起来好像是违反了政策，可是这西川节度使幕府从来就不是一个规矩的地方，何况她所纳金帛全部上交，也是为了帮韦皋充实私库，并非为了她的一己私利。以她清高孤傲的心性，她是不屑于为自己贪污纳贿的。所以，当这件事情发生之初，她心里是不以为然的，她甚至想好了，见到韦皋之后如何为自己开释罪名。但是，令所有人意想不到的是，韦皋连解释的机会都没有给她，就直接下达了处罚的命令。他的处罚，不是罚她禁足反省，也不是扣她工资俸禄，而是流放松州，充为营妓。

也是该薛涛倒霉。此时是贞元十七年（801），吐蕃贼心不死，再次出兵侵犯北方的灵州、朔州，并且攻陷麟州。德宗皇帝亲派使者前来成都施加压力，督令韦皋火速出兵。韦皋十分恼火，下令兵分五路进击吐蕃。这时有人举报薛涛收受金帛，韦皋对她的风头过盛颇有不满，闻讯大怒，正好趁机打压一下她的"气焰"，于是一纸令书命她随都将高倜、王英俊的部队开赴松州。

当命令传到薛涛手里的时候，她被震惊得花容失色，方寸大乱。

罚赴松州

松州，治今四川省松潘县，是历史上兵家必争的边陲重镇，被称作"川西门户"。当时正是大唐与吐蕃交火的前沿。边塞苦寒，气候恶劣，物资匮乏，交通不便，比起成都的富庶繁荣，松州简直不是人待的地方。最令人恐惧的是，此时松州还在吐蕃掌控之中，唐军此番前去是为攻城，两军交火必有死伤，薛涛此时随军前往，虽然不用上阵杀敌，却也是危险至极。胜败乃兵家常事，若唐军胜了还好，若是败了，那么薛涛必将落入敌手，等于是落入十八层地狱，永世不得超生了。

很显然，这是一个出乎所有人意料的决定。薛涛纤纤弱质，虽然并非出身于富豪贵族，却也是个官宦人家的小姐，后来进入幕府得到韦皋的宠爱，更是过着金尊玉贵的生活。松州哪里是她能生活的地方？再者，她在幕府中执掌文书，接待应和幕僚、宾客们，谈笑皆鸿儒，往来无白丁，去了松州却要与普通营妓一样以声色歌舞娱乐边关军士，这对她来说无疑是一种巨大的羞辱。

战事如火，军令如山，容不得她反抗挣扎。

她仿佛已经闻到遥远松州的寒冷气息，整个人如坠冰窖，手足冰凉。怎么办？入府去亲见大人陈情求恳？执笔写一封书信向大人认错求饶？委托好友段文昌去帮忙求情？这些都被她一一否决了。在府中五年，她比任何人都要了解这位"韦大王"的威仪和固执，他是不会如此轻易就撤销这个处罚的。

他为何要做出如此无情的决定，她一时还摸不清楚，在他盛怒之际贸然去求情，也许还会起到反作用，愈加激发他的逆鳞之怒。此时唯一可做的便是遵命、执行。

没有过多的准备，她便咬牙启程了。

那些金银珠宝、首饰钗环、焕彩华服、笔墨纸砚统统与松州无关。松州，荒芜寒冷，没有人会跟她对谈诗词，也无处安放她的美丽。

也许，他明天一早就会让她回去吧。也许，过几天他气消了就会收回成命吧。

一路向北，朔风如割，心寒如铁。

当她终于到达松州前线的军营驻地，等待她的是高原苍茫辽远的天色、简陋寒碜的住所、难以下咽的饭食。没有来自成都的赦令，没有任何人的安慰与关怀，甚至，也没有归期。节度使大人只说了要罚她来松州，却没有说几时可以回去。

韦皋的小心眼是人所共知的。他当年还是个秀才时，被岳母苗夫人一眼看中，认为"此人之贵，无以比俦"，因此招为女婿，然而他的岳父张延赏却不怎么喜欢他。韦皋因为暂无功名又性格清高，所以不怎么招老丈人待见，连奴仆都轻慢他。心高气傲的韦皋决定出去游学，妻子张氏将自己的嫁妆尽数送给他，一共装了七大车。韦皋每到一个驿站便遣返一辆马车回张家，直到将七辆马车全部遣回，以示自己发奋图强的决心，决不依靠老婆和岳家的力量。

君子报仇，十年不晚。经过数年征战后，韦皋果然发达了。贞元元年，他被授为剑南节度使。无巧不成书，前任节度使正好就是他的岳父张延赏。他以"韦"作"韩"、以"皋"作"翱"，化名韩翱前去接任，羞辱了当年有眼无珠的岳父大人，还将曾经对他无礼的几个奴仆乱棒打死扔进蜀江，狠狠地报了此仇。

他从来不是一个雅量宽宏之人，对待奴仆和女人也不在话下，这次他要令薛涛尝尝他的厉害。

薛涛做梦也没有想到自己有朝一日会来到松州这样的地方，也没有想到自己会亲历唐蕃之间的战火。在幕府这几年，她熟读军营战报，通晓西南政局，但那些了解仅限于纸面，当她亲临军营，这才触及战争的实质。她在幕府中所读到的战报，是用无数鲜血写就的。虽然唐军屡屡战胜，但是那刺鼻的烽烟混合着血浆咸腥的味道，那震耳欲聋的用性命彼此搏杀的声音，伤残军士疼痛难忍的怒骂和哀号，家破人亡流离失所的边民人的叹息，这些才是战争的全部真相。

她回想自己在成都时对战争麻木而天真却又夸夸其谈的样子，此时只觉得羞愧。面对那些浴血奋战的将士们，她连做一个称职的营妓都不能。那些在成都府中唱惯的奢靡歌声，此时却怎么也唱不出口。

她犹豫着提起笔，写下了《罚赴边有怀上韦令公二首》：

其一

闻道边城苦，而今到始知。

羞将门下曲，唱与陇头儿。
其二
黠虏犹违命，烽烟直北愁。
却教严谴妾，不敢向松州。

成都幕府中的节度使大人胸有成竹地悠然闲坐，战事正在按照他的筹划全面推进，一切都在他掌握之中。从八月出兵，到十月击破吐蕃军队十六万，攻下城邑七座、军镇五处，有民户三千，生擒敌兵六千人，斩首万余。又是一场盛大功名在等着他，加官晋爵指日可待。

随从呈上来自松州的军情简报，随后却附了一首诗。熟悉的字体，流畅激峻，诗也是好的，能看出边塞的烽烟已经令作者有了沉重的感悟。但是，他只是轻轻冷笑了一声，便扔在一旁。

十离诗

一天又一天，没有成都的来信，更没有赦令，也没有归期。薛涛独坐营帐之中，喝了两口将士们常饮的烧酒，又苦又冲，心口却有了一层朦胧的暖意。没关系的，多喝几次就习惯了。她安慰自己。以后的日子还长着呢，又不能一死了之，唯一的办法就是去慢慢地习惯它。

幕府虽然没了她，并不会改变什么，诗照写、酒照喝、歌照唱、舞照跳，灯火辉煌，丝竹依旧。长夜难寐，她遥想起那片繁华盛景，前不久还触手可及，转眼便化成一片烟云。什么才华，什么美貌，什么恩宠，什么感情，一切都是虚空，握不住留不住的虚空。

　　她想起韦府中那只"神鸟"孔雀，不知道它怎么样了。虽是"神鸟"，却无知识，只知道吃喝拉撒睡，因此，永远也不会犯错误，永远被人好吃好喝地供养着。人人都道她就像那只骄傲又美丽的孔雀，可是，她毕竟是个人，有才有灵，有血有肉。而此刻，却是人不如兽。神鸟依旧美丽尊贵，她却落魄不堪。

　　想到这里，她不禁露出自嘲的微笑，同时灵光一闪，终于找到了问题的关窍所在。她立刻动手磨墨，《十离诗》一挥而就。

犬离主（其一）

驯扰朱门四五年，毛香足净主人怜。

无端咬着亲情客，不得红丝毯上眠。

笔离手（其二）

越管宣毫始称情，红笺纸上撒花琼。

都缘用久锋头尽，不得羲之手里擎。

马离厩（其三）

雪耳红毛浅碧蹄，追风曾到日东西。

为惊玉貌郎君坠，不得华轩更一嘶。

鹦鹉离笼（其四）

陇西独自一孤身，飞去飞来上锦茵。

都缘出语无方便，不得笼中更唤人。

燕离巢（其五）

出入朱门未忍抛，主人常爱语交交。

衔泥秽污珊瑚枕，不得梁间更垒巢。

珠离掌（其六）

皎洁圆明内外通，清光似照水晶宫。

只缘一点沾相秽，不得终宵在掌中。

鱼离池（其七）

跳跃深池四五秋，常摇朱尾弄纶钩。

无端摆断芙蓉朵，不得清波更一游。

鹰离鞲（其八）

爪利如锋眼似铃，平原捉兔称高情。

无端窜向青云外，不得君王臂上擎。

竹离亭（其九）

蓊郁新栽四五行，常将劲节负秋霜。

为缘春笋钻墙破，不得垂阴覆玉堂。

镜离台（其十）

铸泻黄金镜始开，初生三五月徘徊。

为遭无限尘蒙蔽，不得华堂上玉台。

鸟兽无知，不能领会主人的好恶，也就只配好吃好喝。人是活的，会有不能自主的得失进退，要想拯救自己的命运，最终也得靠自己。

这是一组求情诗，也是一组检讨书。

这一组诗历来充满争议，因为它完全违背了诗人高洁雅致的本性，自贬人格到令人发指的地步，让无数读者为之痛心，亦令不少路人为之不齿。作者深刻全面痛心疾首地检讨了自己在幕府几年的错失，以匍匐的姿态向主人乞怜、请罪。可是，我们不能否认，这组诗对于薛涛来说其重要程度可以说是生死攸关的，她的命运，她的性格，都在此处发生了重要的转折。一个柔弱女子，处于绝境之中，手中只有一支笔可以自救，如果这个时候还要求她保持气节，不免有些强人所难。

　　这十首小诗充分地展示了她在幕府几年的生活以及她与韦皋的关系，也是对自我的剖析与反省。这十首诗的结构都一样，前两句表达的是自己与主人的美好互动，看似十分和谐，后两句则笔锋一转，揭开了温情的面纱，揭露了一个玩物低贱的命运。

　　她将自己比作犬、笔、马、鹦鹉、燕、珠、鱼、鹰、竹、镜，将韦皋比作这些物品的拥有者和主宰者。她之所以被罚赴边，并不是因为什么大不了的过错，而是一些年深日久的龃龉。比如狗不小心咬着了客人，鹦鹉不小心说错了话，燕子衔泥不小心弄脏了珊瑚枕。甚至有些根本不能算是主观意义上的错误，比如笔被用尽了锋头，珠子沾上了一点点脏污，镜子蒙上了尘，也都被归了罪。

　　《御定全唐诗》第26部分载《十离诗》，其中的《犬离主》下有批注：涛因醉争令掷注子，误伤相公犹子，去幕。不管韦皋罚她的真正原因是因为她收受金帛还是误伤相公，这些都如《十离诗》中所写的"过错"一样微不足道，其中真正的关窍在于韦皋要压一压她的风头，让她摆正自己的位置。

　　玩物的低贱与主人的高贵在这组诗中被凸显得十分残忍。不管你平时有多么可爱，只要有一点不合宜的言行，就要马上被抛弃。不管你的本质有多么珍贵，如果不能始终美好如初，主人也会毫不犹豫地将你舍弃。作者高调描写这些玩物的可爱，再费心地细化那些毛病的微小，这种抑扬对比，巧妙地投射到韦皋刚愎自用的心理中，使他得到极大的满足。

　　在这几年之中，她凭借自己的美丽与聪慧充分得到了"主人"韦皋的信任、宠爱，他以权势和财富，供养她、照顾她、关爱她、装扮她，给她舞台让她发光发亮，给她高度让她振翅高飞。她虽然名为乐伎，实际上在他的庇护下过着体面而尊贵的生活，他全方位地满足了她的需求。但是，只要韦皋愿意，他也可以随时将她压在五指山下，永世不得超生。他可以让她"诗达四方，名驰上国"，也可以叫她流落荒野，一文不值。最令人恐怖的是，他的威胁不只是停留在理论层面，他是可以做得出来的！以一方诸侯之尊，与一弱女子较真，不达目的誓不罢休。这种狠辣的程度，要不是薛涛此番亲历，大概一辈子还停留在幻想中吧。

作为这段关系中的被动者，她选择了绝对的臣服以换取生存。因为她别无选择。

当年她父亲早逝，她面对的只是生计问题，而此时身在松州，她面对的是生死的抉择。不管她怎么训练自己吃苦耐劳，作为一个官宦家庭的小姐，作为一个弱质纤纤的诗人，她是无论如何也不可能在那种地方做一辈子营妓的，那样的折辱比死还难受。

《十离诗》一读，韦皋对这个认错态度终于表示了满意，金口一开，回成都。

他本来的心理是：罚你赴松州，当然是因为你有错。知道错了还不够，还得知道你自己错在哪里。至于你错在哪里，你自己去想。她果然是他亲自选中的人，很快便领悟到了他的用意，交出了令他满意甚至超乎他预期的"作业"。

如果女人的姿态够低，那么，他也是乐意怜香惜玉的。

一纸赦令到达松州，薛涛的内心波平如镜。这个结果早就在她预料之中。她已经懂得了他如此狠心惩罚她的目的。他要她懂得，她只是一样"东西"，而非一个"人"，他将她从未有过的"自卑"植入了她的骨子里。她最为感激和尊敬的人，给她如此致命一击，将她的尊严粉碎成齑粉。他是她的伯乐，将初出茅庐懵懂无知的她带入幕府，带她见识世间的繁华、虚荣的滋味、名利的甜美，又通过那样残酷的手段将她的美梦打碎，让她去品尝失望、痛苦和虚无，他苦其心志、劳其筋骨、饿其体肤、空乏其身，最终给她的任务就是要她明白自己是个"玩物"。这次教训像一记响亮的耳光，响彻了她的一生。

假如她死在了松州呢？她这样想着，浑身打了一个冷战。

死去了一部分

他不惮以永远失去她的方式来锻造她，用心何其刻毒，下手何其狠绝。但是，他成功了。在他身边这些年，她知道，他少有失手的时候，不论是看人还是断事。他成功地把她拿捏成了他想要的样子，不多也不少，刚刚好。她曾经天真地以为以才事人与以色事人有所不同，可是在男人眼里，终究是一回事，都是低贱肮脏、永远抬不起头来的勾当。

男人们自大惯了，可是又太过寂寞。他们圈定女子的社会职能，限制她们人身、思想、言论的自由，鼓励她们尽量无知和平庸，甚至不给予她们独立生存的资格和能力，一朝被弃，只能零落成泥碾作尘。然而，作为这世上唯一可对话的同类，唯一的伴侣，他们又嫌那些合格的贤妻良母们被"三从四德"捆绑得太死，端庄贤淑有余，难免失去趣味，而优伶娼妓之流，就算有几分才学，却又大多浮艳浅薄。于是，他们期待像薛涛这样可与他们比肩共叙诗书豪情的通透女子，她既集二者之菁华，又去二者之糟粕，是最符合男人们期待的灵魂伴侣、诗家女神。可是他们却又掩不住那种骨子里的优越感，不让她过于出挑。她什么时候该昂，什么时候该藏，什么时候该进，什么时候该退，一切要由他们来塑造和掌握。

在他们划定的范围里，女人的美好只能通过柔韧性来展现，像盆景一样，生长在窄小的庭院中，沐浴在他上帝般的"恩泽"下，让他享受造物的乐趣。这是典型的古代中国男人的审美，一种病态的审美，不以高大、健康、完整为美，却以扭曲、逢迎、谄媚自己为美。他们最爱掌中玩物，从楚腰、莲足到鸟雀、核桃，以至女人。不爱好更高、更快、更强，而是爱好更小、更弱、更贞。

即使薛涛完全有长成乔木的资质，在她的主子男人眼里，不过是一株精致的盆景，她所有自然生长出来的过界的枝叶，都要被无情地剪掉。她虽然一直心高气傲、不让须眉，最终却也只能乖乖雌伏于男权社会的规则之下，以免再度成为弃子。

她永远不会像鱼玄机那样吟出"自能窥宋玉，何必恨王昌"。鱼玄机当时是咸宜观的一观之主，在她的小小天地里，她是个女王，而在翻手为云、覆手为雨的韦皋手下讨生活的乐伎薛涛只能选择明哲保身。

有学者认为薛涛在此次罚边回成都之后即向韦皋请求脱去了乐籍，从此隐居浣花溪。笔者以为不然，韦皋此番用心良苦地打磨她所为何事？不就是为了她能够更好地为他所用吗？磨去她的锋芒让她做一个称职的摆件和玩物，像那只神鸟孔雀一样，映衬他的辉煌功业。如果他将她塑造完成以后马上放她自由，那又何苦来哉？

何况从薛涛的献诗来看，不管是《罚赴边有怀上韦令公二首》还是《十离诗》，很明显，她怨的是"离"，所求的自然是"合"。

在彼时彼刻，她的目的只有一个，也只能有一个，那就是离开松州，回到成都，这样才能保住自己的性命。这是出于求生的本能反应。这个尺度非常敏感，如果她还敢向韦皋请求脱籍，那么便是对韦皋大大的触犯了。你想，上司对你不满意，把你调到偏远地区去磨炼，结果你却要求辞职，这无疑是一种对抗。此时的薛涛还没有这个勇气和资本向她的上司韦皋提出这种对抗性的请求。何况，韦皋于她，绝不仅仅是上司，而是掌握她生杀大权的主人，除非他降恩，她根本就没有主动"辞职"的权利。她已经处在极度危险的绝境里，如果胆敢再度冒犯他的威严，其后果不是她所能承受的。不管有多少委屈和恐惧，她都只能悄悄地咽下，暗暗地消化，再"谢主隆恩"。

罚边一事再度从侧面印证了薛涛与韦皋的关系只是单纯的上下级关系，如果她是韦皋的侍妾，她犯了错误，他只需要把她家法处置，或打或杀或弃皆可，大可不必硬要她降为营妓去前线慰军。这样做不单是折辱了她，同时也有损他自己的脸面。

对韦皋来说，这不过是对薛涛略施小惩而已。而她，却觉得心里有一个部分永远地死去了。那个曾经无忧无虑、恣意天真的明媚少女死去了。她褪去了青涩和莽撞，收敛了傲气和锋芒，学会了不露声色、四平八稳。她从此成了一个最称职的乐伎，遣词用句周到圆融，待人接物八面玲珑。作为回报，她得到更多的恩宠与名利。可是，那些都是她在松州时就已经全部看破了的东西。

松州之行让她第一次触摸到自己命运的质地——悲凉易碎。以她的悟性，早该知道了，到底还是年少轻狂，被那几年的繁华盛景遮住了眼睛，走了那么些弯路。可是，早知道又能怎样呢，也不过早忧郁几年。反正，这命运的牢笼她是逃不脱的，就像府中那只孔雀，锦衣玉食，但是终生靠人供养，永远没有自由的可能。

　　她虽然回到了幕府，看似一切如旧，衣香鬓影，觥筹交错，迎来送往，吟诗唱和，但那只是表面，海平面下隐藏着巨大的无法溶解的冰山一样的痛苦。

送友人　薛涛

水国蒹葭夜有霜，月寒山色共苍苍。

谁言千里自今夕？离梦杳如关塞长。

第三章
谁言千里自今夕
离梦杳如关塞长

永贞革新

对吐蕃的战斗又大获全胜。

吐蕃君主派遣大相论莽热率领各部族混编的队伍十万人来援，西川兵占据险要之地设伏兵以待。吐蕃至，蜀军出千人挑衅，吐蕃兵追人，西川伏兵发动进攻，大败吐蕃，生擒论莽热，吐蕃士卒死者过半。

这是韦皋生前最后一次对吐蕃大规模作战，和以往一样，他再次取得了长足的胜利。凭借这次战功，韦皋加授检校司徒，兼中书令，封南康郡王。其声誉之隆，人称"郭子仪第二"。

府中的盛事一件接一件，薛涛表面上虽然也是与有荣焉，却再也无法融入那热闹中去了，她知道，那些都与她无关。她不过是那只笼中孔雀而已，这个笼子变得更华丽、更辉煌，并不能改变她作为"玩物"的命运。

韦皋此时的心态已经悄悄发生了变化，他最信任的人已不再是薛涛，而是支度副使刘辟。作为权势滔天的一朝重臣，他此时所谋之事已经不是薛涛所能参与的了，就连深受器重的段文昌也被排斥在外。

府中开始有暗流涌动，那是权谋与危险的味道，薛涛不知所详，但是她决定远远地避开那危险。她的好友段文昌也深以为然。因为与刘辟不合，段文昌屡屡被刘辟在韦皋面前攻讦中伤，最后竟被贬出幕府，派为灵池县尉。

整个西川幕府都沉浸在山雨欲来风满楼的低气压中，人人都能感受到那种无形的压力所在，却又无处可逃。薛涛将这种恐慌的心情写成了《九日遇雨二首》：

其一

万里惊飙朔气深，江城萧索昼阴阴。

谁怜不得登山去，可惜寒芳色似金。

其二

茱萸秋节佳期阻，金菊寒花满院香。

神女欲来知有意，先令云雨暗池塘。

云雨之势即使起于千万里之外，那遥远的寒冷气息却已经席卷到了眼前，这低气压暗暗地笼罩着江城，天色阴沉，人心郁郁。正是灿烂金秋时节，理应外出登高望远的，此时却不得不小心翼翼地蛰伏起来，以免节外生枝。那就在家里与院中金菊为伴吧，可是那行云造雨的巫山神女紧追不舍，已经先令云雨之气涨满秋池。

此诗虽名为《九日遇雨二首》，却未曾写到雨事，反而一直在写雨来之前的种种压抑和苦闷。知道风雨将至，收敛了一切活动，却仍被雨来之前的担忧压迫着心房，无处可抒怀。人在云雨之外，心却笼罩在阴雨之下。

果不其然，永贞元年（805），唐王朝再次迎来剧烈的动荡，这一年里，大唐换了皇帝。

正月二十三日，唐德宗李适驾崩，太子李诵即位，史称唐顺宗，改年号"永贞"，加授韦皋检校太尉。

在顺宗的支持下，王叔文集团掌权，团结了王伾、韦执谊、韩泰、陈谏、柳宗元、刘禹锡、韩晔、凌准、程异、陆质、吕温、李景俭、李谅、李位等一大批有才能的士大夫，颁布一系列明赏罚、停苛征、除弊害的政令，史载这些政令颁布后"市里欢呼""人情大悦"。

在这个十分敏感的时刻，韦皋做出了一个略显轻率或者说是狂妄的举动，他派遣刘辟秘密拜见王叔文，表示希望朝廷能够让他统领剑南三川（剑南西川、剑南东川及山南西道的合称）。王叔文大怒，欲杀刘辟，却被刘辟逃脱。韦皋意识到，他这番打草惊蛇，得罪了王叔文，在新皇帝面前肯定没好果子吃了，于是果断掉头改投太子门下，以顺宗身体不好为由上表请求皇太子监国。在他的推动下，大明宫中不动声色地进行着一场政变。宦官俱文珍、刘光琦串通了荆南节度使裴钧、河东节度使严绶等都站在了韦皋这边，一同反对王叔文集团。

清朝著名的史学家王鸣盛认为"叔文行政,上利于国,下利于民,独不利于弄权之阉臣,跋扈之强藩"。当宦官和强藩这两大势力联手,这股革新力量便迅速地落败。八月,顺宗便被迫禅位给皇太子李纯,新皇唐宪宗登基。王叔文被贬为渝州司户,次年赐死。王伾被贬为开州司马,不久病死。韦执谊、韩泰、陈谏、柳宗元、刘禹锡、韩晔、凌准、程异八人被贬为边远八州司马。王叔文集团掌权仅仅一百六十四天,此次事件后人称为"永贞革新",亦称"二王八司马事件"。

暴风骤雨

宪宗即位,韦皋的危机算是解除了,可是,西川却并未从低气压中解放出来,反而陷入了更浓重的阴影之中。

唐宪宗李纯即位的当月,蜀地百姓接到了一个令人震惊的噩耗:镇蜀二十一年的剑南西川节度使韦皋暴病而亡,时年六十一岁。消息传到长安,天子罢朝五日,并追赠太师,谥号"忠武"。

韦皋的死十分突然,也略显蹊跷。

短短几个月时间里,他能够策划遣使密会王叔文索要统领三川大权,发现苗头不对又马上改弦易辙扶太子上马,证明他的体力精力并没有什么大问题。宪宗上位,他辅佐有功,又要加官晋爵,此时他应该心情更为舒畅。人逢喜事精神爽,即使有病,也应该能有所改观才对。谁也没料到他会突然撒手人寰。

韦皋一生戎马,征战四方,为唐王朝有力地扼制了吐蕃和南诏两个劲敌,重新打通了"南方丝绸之路",深刻影响了东南亚的政治格局,也为蜀地百姓争取了多年的太平。他的死,对唐王朝和西南各少数民族百姓都是一个沉重的打击，对于薛涛来说，更是一次重大的危机。

这个改变了她一生的男人，这个她曾以为可以依靠信任一生的男人，这个伤害她至深的男人，如此突然决绝地离去。她既伤感，又惶恐，更让她不安的是，她预感到了一丝危险的味道——西南将有大变。

韦皋在西川苦心经营了二十一年，他到底有没有想过要叛唐自立呢？《资治通鉴》记载："（剑南西川节度使）幕僚岁久官崇者则为刺史，已复还幕府，终不使还朝，恐泄其所为故也。"一句"恐泄其所为故也"暴露了他对朝廷的心虚，他在蜀地的许多作为是有违纲常的，如果被朝廷知道肯定会给自己惹来麻烦，所以他才费尽心机地阻挠那些在蜀地任职多年的官员们还朝。他对于王叔文的这次试探，也多少暴露了他的野心，他是不甘心"蜗居"于西川的，他想要更广阔的舞台。

德宗去世使他的心里有了波动，顺宗与宪宗的快速更替更加证明了他对唐王朝的影响力，他完全有实力得到更多。也许，新皇初立正是他的大好时机，很可惜的是，当这个合适的时机到来的时候，他却一病呜呼了。他走得太急，甚至临死前都没来得及指定继承人。史载韦皋有两个儿子，在当时，强藩父死子袭基本上已成了惯例，韦皋镇蜀二十一年，蜀地百姓服其恩威，如果由其子袭职，未必不可行。也许是他的病确实来得太过突然，以致连这件大事都来不及安排。

繁盛富饶的成都此时就如一块美味诱人的无主肥肉，京中权贵必然会打破头来抢夺这块风水宝地。这一形势早已被有心人看在眼里，在大家还在摩拳擦掌蠢蠢欲动的时候，有人决定先下手为强，毕竟近水楼台先得月——这个人便是西川节度使幕府的支度副使刘辟。

韦皋一死，刘辟便马上自立为川主，刚刚即位的唐宪宗暂时没有精力来跟他计较，只好采取怀柔政策，顺水推舟地任命他代理节度使之职。区区一个"节度副使"怎么能满足刘辟的狼子野心，他自认为韦皋二十一年来经营的一切都尽在掌握，府库充盈，兵强马壮，足以与积弱已久的朝廷抗衡，想趁宪宗仓促上位，天下人心纷乱之际，浑水摸鱼捞上一把。于是，他得寸进尺地上表要求统领三川，以为势在必得，结果却被宪宗果断地驳回了。

战争一触即发，西川幕府人人自危，摆在大家面前的是一个两难的选择。要是反对刘辟，很可能马上就要人头不保；要是依附刘辟苟且暂安，等朝廷大军一到，秋后算账迟早也是死路一条。

风吹起亭子里的帘幕，薛涛正与段文昌对弈。

"你看，又一场暴风雨要来了。"段文昌轻轻说道。

薛涛点点头，眼睛却凝神盯着棋盘，仿佛完全不为外界所动。

虽然韦皋一死她便马上被排挤出了幕府的权力中心，但是，作为韦皋时代的红人、西川乃至全国都知名的"女校书"，她的态度举足轻重，要想在即将到来的滔天巨浪中置身事外是不可能的。

一转眼，她已经在幕府生活战斗了整整十年，从一个懵懂的小女孩变成了一个成熟睿智的政客，对于整个局势，她早就洞若观火。以刘辟猖狂轻率的个性，兵败是迟早的事。最令她痛心的是，蜀地的百姓好不容易摆脱边患之苦，才过了几年清静日子，却又要因为内斗付出沉重的代价。

她看着眼前的棋盘，仿佛看到这片锦绣热土又将生灵涂炭、血流成河，真令人痛心啊！可是，她又能做些什么呢？她不过是个无官无职的弱女子，自身尚且难保，又拿什么来拯救西川的百姓？

"洪度，你要输了。"段文昌道。

"那便输吧，不挣扎了。"她放下手中棋子，素手一扬，命侍女端上酒来，"墨卿，今日一醉方休如何？"

他无言地点头，听出了她话中未尽之意。今日不醉，只怕再也没有共醉的机会了。这一次大祸，不但是他的事业与理想要付诸东流，只怕是身家性命都要折在里边了。

"如果劫后能有重生，你想过什么样的生活？"他问。

"不过是莳花弄草、读书作诗而已，"她微笑，"只怕是没有这个机会了。"

再赴松州

西川官场此时已经分裂成了壁垒分明的两个阵营，一部分人出于野心或者出于懦弱已经宣布臣服于刘辟，其中个别奴颜媚骨者，比如进士房式甚至已经做起了开国建业的美梦。他们将刘辟与蜀汉的开国皇帝刘备相比，歌颂他的"雄才大略"，极尽吹捧之能事。而另一部分尚未表明要跟随刘辟的人们，正在被逐个击破。

很快，刘辟便以节度使的名义传召薛涛入府，命其撰写给东川节度使李康的劝降书，命后者识清时务速来归附，否则便要大军压境，血洗梓州。

薛涛默然挺立，她想起十几年前第一次进入这间书房的时候，见到那位神威凛凛的节度使大人韦皋，心情是多么激动而骄傲。而此刻，依旧是这间熟悉的书房，其主人却已经变成刘辟这样的奸邪竖子。

"小女子才疏学浅，韦大人仙去后已多日不曾提笔，不敢领此重任，恳请大人另召贤能。"她盈盈一拜。

"哼，我倒是小看你了，"他步步紧逼，"你以为你是谁？我召你来是看得起你，就凭你还敢跟我斗？"

她唯有以沉默对抗。

"既然你才疏学浅，那便做好乐伎本能，替本官去松州慰问前线将士吧，反正那地方你熟得很。"刘辟道。

自从贞元十七年被罚赴边之后，薛涛一直保持着高度的政治敏感，她不愿自己再陷入那种叫天不应叫地不灵的困境之中。这几年她在幕府之中谨言慎行步步小心，只求一身之安宁，却没想到无妄之灾再度降临。

松州，简直是她人生的魔咒。

只不过，上一次，她不愿意去松州，可这一次，她却宁愿去松州。她在幕府多年，对刘辟了解至深。她不愿也不屑与刘辟这等人为伍，更不可能助纣为虐。如果在这次政治风暴之中无法苟全性命，那么，她宁愿站着死，也不愿跪着生。既然挽救不了，那便与西川共存亡吧。

建中四年，泾原兵变，唐德宗西逃，泾原兵拥立太尉朱泚称帝，留在长安的著名女诗人李冶为了保全性命被迫献诗朱泚，平叛之后被唐德宗下令扑杀。兵戈战争男儿事，女人没有任何选择的余地，却也没有置身事外的能力。薛涛不愿做第二个李冶，只能再次起程远赴松州。

时节已是隆冬，朔风扑面，心中苦寒犹胜天寒。

蜀中叛乱，边境自然也不会太平，此去是死是生全无预料。

她只能用双臂紧紧抱着自己的身体，就像抱紧自己的命运，等待不可知的未来。

上一次被韦皋罚赴边，她还是满怀着委屈而来的小女孩，从高高在上的幕府红人被贬为流放边地的营妓，被认为是人生中的耻辱。而这一次，她已经对自己的人格有了充分的自信，她是因为坚持自己的操守而遭受贬斥，而并非是因为做错了何事，并且，整个蜀地的官员百姓都在与她一道承受着巨大的痛苦，她并不觉得孤独。经历这些年的磨练，她的心里已经不再只有一己荣辱，而是将整个西川大地装入了胸怀之中。

肃清异己之后，刘辟正式开始了他的军事行动。

元和元年（806）正月，刘辟果断出兵进攻东川，很快便顺利地攻陷了梓州，他的第一个目标是要统领三川——皇帝不给，他便自己来夺。只不过，令他没想到的是，他还没来得及庆功，朝廷的讨伐大军已经到达。

宪宗命左神策行营节度使高崇文、神策京西行营兵马使李元奕、山南西道节度使严砺共同出兵讨伐刘辟。二月，严砺先攻下剑州。三月，高崇文收复梓州。刘辟节节败退，德阳、汉州、绵州等悉数被高崇文拿下。

九月，高崇文一鼓作气攻入成都，刘辟弃城逃往吐蕃，被追兵俘获，押往长安。

十月，刘辟及其党羽被斩首。

高崇文和严砺就地留任，分别被任命为西川节度使和东川节度使。

至此，西川叛乱彻底平复。

意兴阑珊

唐朝自安史之乱后国力不断衰落，其中最棘手的问题便是皇权的衰弱，江山传到唐宪宗手里时，全国基本上处于藩镇割据状态。宪宗年轻有为，自小便向往先祖太宗和玄宗建立的大唐盛世，同时又亲眼见到祖父德宗和父亲顺宗在藩镇势力胁迫下受的窝囊气，所以立志重振大唐国威。平定西川是朝廷近年来第一次在与藩镇的战争中获得全面的胜利，这次"开门红"之战大大鼓舞了宪宗的士气，再加上宰相武元衡的坚决支持，朝廷从此开始了漫长而艰苦的削藩之战。

尽管刘辟伏诛是意料之中的事情，薛涛收到消息时依然激动不已，她马上研墨提笔，赋诗一首《贼平后上高相公》献给高崇文。

> 惊看天地白荒荒，瞥见青山旧夕阳。
> 始信大威能照映，由来日月借生光。

"惊看天地白荒荒"化用了杜甫《漫成二首》中的"野日荒荒白"，从受害者的角度深刻地描画了在刘辟叛乱之后西川大地民不聊生、人心惶惶、一片惨淡的景象，而英明神武的高大人的到来恰如日月之光般，照亮拯救了铁蹄下哀鸣的西川众生，此等大威大德让人倾慕膜拜。钟惺在《名媛诗归》中评价此诗："开口自然挺正，而有光融拓落之气。"

高崇文虽然名为"崇文"，实际上是个"尚武"的大老粗，他曾经有首著名的"咏雪"诗，可与后来的民国军阀张宗昌"媲美"：

"崇文崇武不崇文，提戈出塞号将军。那个髇儿射雁落？白毛空里雪纷纷！"

薛涛既知他是个不善文墨的武将，所以写那首诗给他都用大白话。高崇文收到她的献诗之后十分高兴，马上将她赦回成都。

近一年的流放生涯终于熬到了尽头，不过更令她高兴的是，高崇文入成都后，军纪严明，士兵们秋毫无犯，市肆不惊。刘辟有两个美姜，众将士都劝高崇文纳之，高崇文不为所动。对于那些没能有效遏止刘辟叛乱的蜀地官员们，高崇文也将他们全部释放，以礼相待，还推荐了一部分人为官，赠给他们丰厚的财物，送他们前去就任。

西川幕府中重又响起了管弦丝竹之声，此番是为了庆祝高崇文因军功被封南平郡王。这种场合，薛涛当然在座。

宴席上，高崇文提议行个令来助酒兴，要求"须得一字象形，又须逐韵"，大家依了。高崇文道："口，有似没梁斗。"薛涛接道："川，有似三条椽。"高崇文笑道："你这三条椽怎么有一条是弯曲的呀？"薛涛答道："相公堂堂西川节度使尚且用着一只没梁的斗，我们这种小人物用一条弯曲的椽又有什么奇怪的呢？"

同是行令，她再也不是年轻时那个不知进退的恃才傲物的小姑娘，她十分谨慎婉转地迎合着高大人的趣味，小心翼翼地开着玩笑，斟酌着措辞，既要使场面轻松，又不能得罪了任何人。

座中半数乃韦皋幕府时代的旧人，段文昌等人也在，大家虽然苟全了性命，却仍然忧心忡忡。每个人都多了份拘谨，少了份自在。虽然朝廷宽大为怀，赦免了他们的罪状，可是仕途多少还是蒙上了些阴影。新任节度使高崇文虽然没有刘辟那么难缠，却也不那么好相处。短短一年时间里，国家动荡，川蜀内乱，大家前途不明，一时间都有些意兴阑珊。

她借更衣之际来到后院，见到一只颓然踱步的庞然大物，那是大名鼎鼎的"韦令孔雀"。

孔雀依旧在，故人不知处。

她想起那年孔雀入府时的盛况。那年的韦大人军功卓烈，蛮夷尽服；那年的段文昌初入幕府，意气风发；那年的她自己，风华正茂，志得意满；那年的成都，熙熙攘攘，繁花似锦；那年的孔雀，高贵动人，万人争仰。而此刻，它无精打采地在巨笼中走着，绚丽多彩的尾羽拖曳在地，身上污迹斑斑，一向高昂挺立的头颅也无力地低垂着。笼中些许残食，半池污水，便是它的吃食。曾经轰动成都无人不爱的神兽孔雀，如今也落得如斯田地。

她在笼外，它在笼内，沉默以对，无语凝噎。它已风华不再，她亦心如槁木。

前厅的丝竹歌舞断断续续飘过来，像隔着沧海桑田。

送友人

高崇文入成都时，段文昌与同陷于刘辟手中的韦皋旧人王良士、崔从、卢士玖等一起，白衣麻跣衔土请罪，虽然被高崇文赦免了，但是对于心高气傲的段文昌来说，这无疑是一种耻辱。高崇文也看出了段文昌绝非池中物，对他说道："君非久在卑位也。"又指着自己的椅子说："此椅子犹不足与君坐。"意指他将来的权位会比节度使更为显赫，可是，高崇文却并未对他给予重用。

段文昌当年入蜀的时候是怀着满腔抱负的，可是这几年里他并未得到施展才华的机会，晚年的韦皋更加信任奸贼刘辟，而刘辟忌惮段文昌的才华，素来与他不睦，一直想尽办法排挤他。据段文昌之子段成式的记载"洎韦之暮年，为贼（刘）辟谗构，遂摄尉灵池县"。好不容易等到刘辟叛乱被平，他重新回到幕府之中，可是高崇文不擅文辞，因此跟他也就没有什么共同语言。

也许是对西川的一切感到灰心，段文昌决定离开成都另谋发展。适逢他的旧识李吉甫拜相，并深得宪宗信任，因此，他得以顺利离开西川，任登封尉、集贤校理。

薛涛曾经无数次送别友人，也曾写下很多首送别友人的诗句，比如前文提过的《送郑眉州》，还有《江亭饯别》《送姚员外》《别李郎中》等，唯独这一次她的心情最为凄楚。

韦皋去世使她失去了依傍，劫后余生回到成都，前路茫茫，最好的朋友又要离开，这个她生活了数年的城池第一次令她觉得孤独。在这种彷徨无依的心情之下，她写下了这首送别名篇《送友人》：

> 水国蒹葭夜有霜，月寒山色共苍苍。
> 谁言千里自今夕？离梦杳如关塞长。

"蒹葭苍苍，白露为霜"是脍炙人口的诗经名篇，化用到这首诗中使其意境更加凄美，离韵更显苍凉。她的情意不敢言明，只能借《蒹葭》"溯洄从之，道阻且长。溯游从之，宛在水中央"来表达那种想见已不能再见、可望而不可即的惆怅。

冷月的清寒共苍茫的山色，一切都似浸透了深秋的寒意，沁入了离人的心中。今天起，你我即将分隔千里，再见不知何日，从此离梦将如关塞之路那么绵长。

关塞有多长，那是女诗人刚刚用自己的脚步丈量过的。唐朝出过很多有名的边塞诗人，比如高适、王昌龄、王之涣等，却唯独只有薛涛一个女诗人曾经亲临边塞，并且不止一次。"关塞"一向只会出现在闺阁妇人的思梦里，即使要入梦，尚且要先"打起黄莺儿"，方能使梦"到辽东"，而薛涛是真真正正感受过边关狼烟的。她以"关塞"入诗，一是表达刚从松州释回后惊魂未定的心情，又以这种痛苦来比拟与挚友分隔两地不知何期再见的怅然，这二者相加，使这首诗情深意切，其悲凉缠绵之意令人不忍卒读。明人周珽评《送友人》："征途万里，莫如关塞梦魂无阻，今夕似之，非深于离愁者，孰能道焉？"

这首诗历来被称作薛涛诗作中可与唐才子竞雄的名篇，亦是因为其融入了作者本人深刻的感情。她与段文昌一度被誉为韦皋幕府中的"金童玉女"，段文昌在成都的怀才不遇与薛涛笼中孔雀般的抑郁，更使得他们心意相照，同样志存高远、满腹才华，同样寄人篱下、郁不得志。从这首《送友人》可以看出来，薛涛对段文昌充满了深深的依恋，他的离开带给她的是绵绵难尽的忧伤。

这一份情谊足以令段文昌终生铭感。可是，一个是节度使大人的宠伎，一个是有妇使君，身份的天堑使得他们只能止步于最好的朋友。他们便如同薛涛的诗作《蝉》中所写的那样，虽然"声声似相接"，却也只能"各在一处栖"。

露涤清音远，风吹数叶齐。

声声似相接，各在一处栖。

蝉高踞树端，餐风饮露，不沾尘腥，经常被古人用来借喻"品性高洁"，骆宾王的《在狱咏蝉》和虞世南的《蝉》都是咏蝉之传世佳作。薛涛的这首《蝉》也独得妙境，充满了画面感。

蝉声清远，蝉身却掩映于枝叶之间，虽然听起来一声一声似是相接，实际上它们却是和而不同，各自安栖。她这一生虽然交游广阔，知交遍地，但是她与他们之间始终保持着适当的距离，即使是段文昌这样的好友也是各安一处。

多事之秋

高崇文镇蜀是朝廷的一时权宜，他是个出色的将帅，熟谙兵事，骁勇善战，却对治理州县政务这种管理职责力不从心，无法驾驭西川此时复杂多变的形势。经过韦皋之死与刘辟叛乱之后，西川元气大伤，人心涣散。高崇文仓促入蜀，并不熟悉蜀地的地理与人情，对于如何恢复民生、重建市序、理清战后这一团乱麻，他完全摸不着头绪。很快，西川又变得一团乱。高自知是个大老粗，很快便向朝廷请辞，上表称："蜀中安适闲逸，没有臣施展自己才华的地方，希望让臣前往边疆，尽死效力。"

高崇文的表奏给唐宪宗出了一个难题，宪宗此时面临的正是朝中无人可用的局面，西川的战略位置之重要不容忽视，一向非"上将贤相，殊勋重德"之人不足以镇守，此时的局面更需要一个文武宽猛、包罗法度之人方能替唐帝国死死守住这道西抗吐蕃、南抚蛮獠的重要防线。西川不可再失，也不可再乱！镇蜀之人既要德才兼备方能服众，又要对唐王朝忠心耿耿，韦南康已逝，朝中更有何人能替？宪宗想来想去，只有一个人能够担此重任。那就是武元衡。

元和二年（807），宪宗命门下侍郎武元衡接替高崇文。同时任命高崇文为同中书门下平章事、邠州刺史、邠宁庆三州节度观察使，仍充京西诸军都统。

接到调走的任命之后，高崇文放了心，开始打起自己的小算盘来。他仗着自己的功劳大遂起奢侈之心，一改初入成都时的秋毫无犯，将蜀地的军用物资、库内金帛、歌伎舞女、能工巧匠等搜罗一空。

又是一次浩劫。

一场又一场渡不完的劫难，仿佛没有终点。曾经富比扬州的大唐第二郡，此刻却是满目疮痍，它何时才能回到韦公治下平安繁荣的景象？老百姓什么时候才能安安心心、踏踏实实地过日子？韦公过世才一两年，成都俨然换了天地，它的未来又会如何呢？建立一个盛世何其艰难，破坏一个盛世又是何其容易，就像大唐王朝一样，经历高祖、太宗、高宗、武后再到玄宗，百余年的努力，方使这个帝国雄视一方，而"安史之乱"不过八年便扭转了整个帝国的命运。

作为西川百姓的一员，她深深地怀念起韦皋来。虽然他们之间有过那么深的恩怨纠葛，可是，对于西川这片土地和百姓，他是有恩的。他花了二十一年苦心打造这个富甲一方的名郡，一两年间便毁于内乱，如果他在天有灵看到这种局面，一定会痛心吧。

寄词

菌阁芝楼杳霭中，霞开深见玉皇宫。

紫阳天上神仙客，称在人间立世功。

韦令公本是神仙人物，"诸葛武侯"的转世，此刻，他应该已经回到天上去了吧，但是，人间的西川百姓将会永远怀念他的功绩，他永远是西川百姓心中的保护神。若有他在，西川不会一乱再乱。司马光在《资治通鉴》中写道："蜀人服其智谋而畏其威，至今画像以为土神，家家祀之。"可见韦皋在蜀地的影响之深远。

"诸葛武侯"已经仙去久矣，世上也再无韦南康，西川的命运到底将会如何？

鸳鸯草　薛涛

绿英满香砌，两两鸳鸯小。

但娱春日长，不管秋风早。

第四章　但得放儿归舍去　山水屏风永不看

铁血宰相

新任节度使已在入川的路上，来的是著名的贤相武元衡。他与薛涛一样，也对西川的未来忧心忡忡。

武元衡出身名门世家，是武则天的曾侄孙。为人清廉正直，刚毅果决，是宪宗朝的股肱之臣，因为力主削藩而被各藩镇视为头号大敌，人称"铁血宰相"。

他也是个著名的诗人，其诗以绮丽、精妙著称，南宋晁公武的《郡斋读书志》称："议者谓唐世工诗宦达者，惟高适；达宦诗工者，惟元衡。"他工于五言诗，作品在当时流传甚广，诗作的数量也颇丰，有《武元衡集》（又名《临淮集》）十卷。

他还有一个雅号是"大唐第一美男子"，《新唐书》记载他"雅性庄重"，"淡于接物"，是一个英俊儒雅的谦谦君子。

武元衡虽然才华出众又出身世家，仕途却不怎么顺利。建中四年进士及第之后一直未能大展才学，直至宪宗即位方才得到重用，历任中丞、户部侍郎，直至拜相。

武元衡曾在河东节度使幕府任职五年，期间参与或指挥过多次针对回纥等少数民族的战争，对于边境事务有着十分丰富的实践经验。况且他又文武兼修，忠君爱民。纵观朝野，此番镇蜀非他不可。

在当时，地方节度使是个肥差，相当于一方诸侯，很多人争相行贿、攀附权贵以求得此职，而武元衡却志不在此。他的理想是辅佐君王治国平天下，而不是成为一方霸主。以当时的政局来说，他留在京师掌握大局更是紧要，可是，满目疮痍的西川如果不能好好治理，也是大唐的心腹大患。

怀着无奈的心情，半百年纪的武元衡肩负着沉重的使命踏上了入蜀之路。在入蜀路上，他作了《题嘉陵驿》：

> 悠悠风斾绕山川，山驿空蒙雨似烟。
> 路半嘉陵头已白，蜀门西上更青天。

悠悠的风刮个不停，不断飘摇的旌旗缠绕着山川，山间的驿馆被蒙蒙的烟雨笼罩，一切都看不清楚，浑不知道前路是何光景。路到嘉陵才一半，却觉得心已灰、头已白，而前面的蜀道之难，更是难于上青天。

这首诗充分体现了他的满怀愁绪与忧虑，他以"蜀道"之难比喻"治蜀"之难，对未来充满了担忧。

他此番镇蜀，短期内肯定无法返京。他与皇帝之间的信任同盟会否就此中断？京师的权力中心是否会被奸臣宵小所填补？皇帝能否始终坚持削藩政策？而另一边，西川的复杂情况更是让人忧心。蜀地的黎民百姓迫切地盼望得享太平，而吐蕃与南诏又在一旁虎视眈眈，要防其乘虚而入。摆在他面前的局势比这眼前的蜀道还要难。难！难！难！

强为公歌《蜀国弦》

武元衡此时所面临的艰难处境，只有一个人最懂，那就是薛涛。

她如何不能体会他的忧心？她生长于蜀地，又在幕府中这么多年，对西川此时情状了解至深，同时，她对于重建西川的迫切之心也要超越常人。尽管面对着重重困难，她仍然无比地希望上下团结一心，重建家园。她知道，此时此刻，西川的人民需要振作起来，新上任的父母官更需要振作起来，这样西川才有未来。

她暂时抛下了自己的烦恼，以满腔赤忧热情洋溢地作了一首《续嘉陵驿诗献武相国》，献给这位即将上任的新任节度使：

> 蜀门西更上青天，强为公歌蜀国弦。
> 卓氏长卿称士女，锦江玉垒献山川。

诗的首句沿用了武元衡原诗的原句，对他的心情和境遇表示共情与抚慰，第二句则等于是盈盈向他施了一礼。武元衡贵为宰相，又是即将上任的西川节度使，薛涛作为一名身份低下的乐伎，续作他的诗作是一件很冒险的事情，如若续得不好或者有违他的心意，不但会留下笑柄，也有可能触怒这位相国大人，甚至可能再次招致"松州之祸"。因此，她必须要摆正位置，言明身份，放低姿态。相国大人这一路难于上青天的蜀道走来辛苦了，且听小女子献丑为您歌一曲《蜀国弦》来介绍一下我们蜀国风貌吧。问完安行完礼，起好调子以后，她才娓娓道来。

后两句诗意一转，以积极、昂扬的态度，代表蜀地人民向这位德高望重的新任川主表达了热烈的欢迎和殷殷的期盼。这孕育了司马相如和卓文君的灵秀之地，这好山好水，这天府之国，都在殷切期待着您，相信在您的治下西川一定会重焕生机的。

武元衡读到此诗的心情当然是深感欣慰的，薛涛的大胆续诗固然让他刮目相看，她的才华也让他惊艳，更令他称奇的是，连一个地位卑下的乐伎都拥有此等家国胸怀！可见民心所向。只要大家团结一心，励精图治，西川的未来大有可图。

他了解了薛涛的背景，简直无法抑制内心的好奇，立即便召见了这位名动三川的解语花。"蜀中孔雀"果然是名不虚传，其容光照人，气度不凡，与寻常乐伎不可同日而语。她为他介绍幕府中的旧例，陪着他游览成都市井，为他介绍蜀川风物人情，渊源、典故信手拈来，举止言谈落落大方，应对、周旋温柔得体。令人不得不服韦南康昔日的识人之智、用人之明。

他也见到了关在节度使府中那只来自南越国的有名的孔雀。虽然为了恭迎新官上任，孔雀也被修饰一新，还是可以看出战乱留下的痕迹。昔年金碧辉煌的笼舍已经敝旧，池中花木也被修剪得不成气候，大概是之前疏于喂养，孔雀也显得体态萎靡、精神不济，连叫声都不那么高亢，而是流露出些许幽怨哀思。

两相对照，薛涛又何尝不是。经历了痛失旧主以及流放罚边之后的她，无论再怎么努力打起精神也无法挥去眉宇之间的忧伤。

为此，武元衡作了一首诗，序中写道"四川使宅有韦令公时孔雀存焉，暇日与诸公同玩，座中兼故府宾妓，兴嗟久之，因赋此诗，用广其意"：

> 荀令昔居此，故巢留越禽。
>
> 动摇金翠尾，飞舞碧梧阴。
>
> 上客彻瑶瑟，美人伤蕙心。
>
> 会因南国使，得放海云深。

这首诗流传甚广，白居易见到之后也作了一首诗来相和：

> 和武相公感韦令公旧池孔雀（同用深字）
>
> 索莫少颜色，池边无主禽。
>
> 难收带泥翅，易结著人心。
>
> 顶毳落残碧，尾花销暗金。
>
> 放归飞不得，云海故巢深。

诗人王建也有诗相和：

> 和武门下伤韦令孔雀
>
> 孤号秋阁阴，韦令在时禽。
>
> 觅伴海山黑，思乡橘柚深。
>
> 举头闻旧曲，顾尾惜残金。
>
> 憔悴不飞去，重君池上心。

孔雀的遭遇深得诗人们的同情，孔雀的命运也牵动着他们的心。同样，薛涛的际遇也让人不胜唏嘘。如此才华横溢又风度翩翩的奇女子，却不幸沦为卑微的乐伎，并饱受罚边之苦，真是让人怜惜。虽然相处不久，武元衡却已经对这个女子另眼相看。他将是她生命中的第二个贵人。

生命里的贵人

武元衡与嚣张冷硬的韦皋不同，他主事虽然严厉刚硬，待人却极为宽容随和，少有尊卑阶级的观念，从不以权势欺人。

史载武元衡生性淡泊，素不喜饮酒作乐，对于蜀地官场历史悠久的召伎宴饮的风气，他是很不习惯的，曾写下"满堂谁是知音者"来抒发自己的寂寞。有一次西川幕府举行宴会，西川从事（州府佐官）杨嗣喝醉了，非要向武元衡敬酒，并且还特意拿了个大杯非要节度使大人喝不可。武元衡推辞不喝，醉得不知自己几斤几两的杨嗣竟然把酒浇在上司身上，醉醺醺地说："那我就用酒来给您洗个澡吧。"众人吓得酒都醒了，心想这小子可捅大娄子了，如此胆大妄为，只怕是掉脑袋都不为过。武元衡淡然以对，坐在那里一动不动，任这醉汉浇完了酒，才缓缓地站起来，换了一身衣服，重新出席酒宴，只当什么事都没发生过。此等容人雅量比起一般的官僚大臣不知强了多少倍。

有这样宽容的新任上司，薛涛的忧虑终于得到缓解，她不用再像以前韦皋、刘辟、高崇文时期那样如履薄冰了。更何况，这位新任节度使还是她最好的朋友段文昌的岳父，有了这一层关系在，她愈加觉得武大人可亲可敬，俨然自家长辈。

武元衡感念她献诗相勉的心意，也珍惜她的才华，甚至可以说，这个高高在上的宰相大人竟对这个小小乐伎有了知音之感。幕府中宾客幕僚虽多，然大多是为了追名逐利，只有薛涛因为不涉仕宦，往往更能针砭时弊直指要害，她在幕府多年，能力有目共睹，又贞静庄重，如能得她援手，治蜀事宜肯定更加得心应手。

韦皋当年能够慧眼识才将这个小女子带进府中，又培养她担任文案刀笔，确实是个行事洒脱、不拘一格的枭雄。武元衡这个一向谦厚稳重的君子一时间也想效仿一把韦皋的洒脱任性，他要为这女子正名，让她做名正言顺的女校书！

一念起，竟然按捺不住地要马上召她前来。

她悠闲地聊起在松州的生活。

风很大，也很烈，要用粗布缠头，缠得只剩眼睛。太阳更烈，晒在身上如针如芒，有痛感。不论春夏，空气里都像夹杂着细刃，呼吸都带着轻微的割痛，除了雨天，每天早晨起来鼻腔里都是血丝。

清晨起来去数里外打水，若遇风，几乎要一步一停。四季的底子都是寒，冬长无夏，即便是暖阳当空的六七月，一场雨下来便与寒冬无异。冬天里积雪难融，手脚皆肿，行走艰难。常有人一觉不醒，睡梦中长逝。

由于连年战乱，松州城里除了驻军几无百姓，夜晚可听见狼在山上嗥。

"你受苦了。"

她淡淡一笑："小小挫折，怎比得上相国此刻重任在肩。"

"听闻韦令公昔日曾经想要授你为校书郎，可有此事？"

她罕有地现出一丝慌张，急急地否认道："绝无此事，洪度德薄能鲜，微贱之躯岂有入幕为宾之理。"

"那怎的府中诸人皆称你'薛校书'呢？"

"众人戏言耳，当然，也是小女子狂妄不知检点，多谢相国提醒，以后当与诸人共戒，不会再有此等戏言。"

"我并无怪罪之意，你不必惊慌。"他温言安慰，目光恳切，"洪度，以你之才，堪当大用，我想为你除乐籍，正式授你为校书，不知你意下如何？"

她不禁心头一酸。

当年初入幕府的时候，她又何曾未想过要与幕府中那些男子平起平坐，她放弃了寻常女子触手可及的天伦之乐，孤身沦入风尘，何尝不想做出一番不让须眉的事业。可是，经过这十多年的浮沉，尤其是经过两次罚边，她的热血已经凉透。

她沉默片刻，缓缓起身走到案前执笔在手，不一会儿，《罚赴边上武相公二首》便一气呵成。

其一

萤在荒芜月在天，萤飞岂到月轮边。

重光万里应相照，目断云霄信不传。

其二

按辔岭头寒复寒，微风细雨彻心肝。

但得放儿归舍去，山水屏风永不看。

薛涛写毕搁笔，双手捧呈至武元衡座前，盈盈一拜，语带哽咽道："洪度自知学识浅陋，不敢僭越，只求相国做主为洪度解脱，还洪度自由，唯此一愿，请相国成全。"

言讫，十余年的委屈化作纷飞泪雨，她少有这么失态，尤其是经历了两次罚边以及韦皋身死之后的种种际遇，此刻再也忍耐不住。在这位可亲可敬、温厚儒雅的武大人面前，她不再压抑，不再自苦，勇敢地呈上了自己数年的心愿。

其实自从被韦皋第一次罚边之后，她便意识到幕府生活的危险和压抑，只不过，当初入乐籍是韦皋的建议，她又岂敢请他放她自由。至于刘辟更是不可能成全她。而高崇文粗枝大叶，并不能体会到她的痛苦，也不会为她做主。及至这位武相国就蜀，她才终于看到了重获自由的希望。即便是他不答应她的请求，起码也不会因此而降罪于她。于是，她抓紧机会以诗言志，希望武元衡能够从诗中体会到她的痛苦，成全她的自由之愿。

她曾经在《十离诗》中自比犬、马等牲畜和玩物，在武元衡面前，她却大可不必再作践自己。同样是凸显双方的身份差距，她用了明月来比喻武元衡的主事英明、身份高贵，而用小小萤火来自谦，以示自己一心向往月亮皎洁的光辉，因自惭不敢靠近却又希望被其光辉所照耀和庇佑的这种矛盾心情。紧接着，她以痛彻心肝的罚边经历，乞求他的怜悯，许她自由。

虽然从一个孤苦无依的弱女跻身锦衣玉食的上流社会历尽艰辛，受尽委屈，殊为不易，但是经过这些年幕府生活的历练，她知道自由之身远比这种奢靡生活更为重要。这其中也包含了她对自己的反省，当初入府确曾抱着要跃上枝头的理想，而今恍悟，那不过是过眼烟云罢了。作为一个毫无背景的弱女子，要想凭借一点才华在男性主导的权力规则里建立什么事业，基本上是异想天开。她不是一个斗士，不想去挑战社会惯例，更不想拼个头破血流，她选择全身而退不再恋战。

自由人

武元衡一边接过她手中新墨，一边扶她起身，只见纸上字迹冷峻，但字里行间有藏不住的激越伤愤之意，可见她蓄意已久，心志已决。

他长叹一声，他在官场中滚爬二十余年，几起几落，何尝不知道其中艰险，这官场，是名利场，也是生死场，确实不适合这么一个弱女子。

"我明日便与你脱籍文书，还你自由身。"

"真的？"她的眸子被一阵狂喜淹没，闪耀出琉璃般的灵动色彩。

"真的。"他郑重点头。

她的喉头被噎住，想说什么却只是热泪滚滚，只好深深地拜了下去，良久，方道："相国活命之恩，洪度永世不忘。不论天涯海角，府中有任何差遣，洪度一定竭尽心力、万死不辞。"

她自由了，她真的自由了！

她再也不用低人一等地侍候别人，也不用战战兢兢如履薄冰担心得罪了别人，自由如梦般美好，自由就像身上长了翅膀，海阔天空任意翱翔，整个世界都是新的，连空气都变成了甜的。

元和三年（808），薛涛脱乐籍，这一年，她二十八岁。

她对期待已久的隐退生活进行精心的规划，在风光独好的浣花溪畔建起了一座清幽淡雅的宅第，门前种满琵琶花，开始了她梦想多年的自由人生活。

对于一个古代女子来说，二十八岁，花样的青春已经逝去，大多数已经长成为相夫教子打理家务的好手。而薛涛无夫无子，孤身一人，不过，这并不重要，她的伴就是花草诗书。

她酷爱花草，尤其热爱红色，院中种满了金灯花、朱槿花、蔷薇、海棠等。她流传至今的咏物诗中，绝大部分都是咏花。

她常穿红衣，红花红衣相映，更衬得她肌肤胜雪。在浣花溪畔的小小天地里，她引朋唤友，吟诗作乐，充分享受着"自由人"的生活。除此之外，她也常应召去幕府中辅佐武元衡处理政务，或者参与重要的宴饮和交际活动。

她在《上川主武元衡相国二首》中记载了武元衡镇蜀时府中夜宴的情形：

第四章　但得放儿归舍去　山水屏风永不看

其一

落日重城夕雾收，玳筵雕俎荐诸侯。

因令朗月当庭燎，不使珠帘下玉钩。

其二

东阁移尊绮席陈，貂簪龙节更宜春。

军城画角三声歇，云幕初垂红烛新。

她终于以宾客的身份与幕府中人平起平坐，虽然同是作诗助兴，其意义已经不同。这样一首华丽的宴饮诗中，她加入了"军城画角"显然是有劝诫和提点座中诸位的意思。虽然府中歌舞升平，大家不要忘了还有多少百姓依旧沉浸在战乱带来的悲痛之中，烽烟的味道才刚刚散去，随时要注意聆听城楼上的号角，保持警惕。

她的这份清醒与眼界，让武元衡越发地器重和信任她，她虽然不肯入府做幕僚，却十分愿意为节度使的决策提供参考。她再次凭借自己的才华与人品成了幕府中美丽高贵、众星捧月的孔雀。

薛涛没有想到，她的新生活还有更大的喜悦在等着她，那便是她企盼半生的爱情。

元才子

元和四年（809）春，长安至东川的骆谷道上一名年轻男子在苍苍暮色中纵马驰骋，远远地将后面的随从甩开了一大段距离。

他刚刚路过了一个驿站，下一个驿站在山上，眼看天色已经黑透，栈道越来越窄，越来越陡，他不得不下马徒步前行。

"太白诚不欺我，蜀道难，果然难于上青天。"不过他才三十一岁，正是年富力强的时候，区区蜀道之难何足道，即便是上天入地、刀山火海他也不怕，他要骑最野的马、喝最烈的酒，纵横天下，快意人生。

有时候他又觉得焦急，他已经三十一岁了，他积攒的抱负和理想已经迫不及待要喷薄而出。若是从他十五岁明经擢第算起的话，他的伟大抱负已经被耽搁十五年了，宦海无情，青春短暂。此刻，他只恨"昼短夜苦长"，恨不能秉烛夜游，不纵分秒。

夜越深，道越难，岭越高，他不得不宿于骆口驿。

骆口驿的墙壁上题满了路过此处的官员才子的诗篇，他草草地看了一遍就在北壁前挪不开脚步了，他把北壁上的诗句细细地吟味了许久，因为那是他最好的朋友白居易所题的诗句。

白居易曾经过此地并题下诗句，此时，那些诗句已经蒙尘许久，有些地方甚至已经被青苔盖上了。男子身着华丽的锦衣，毫不犹豫便抬袖擦去那些污渍，只见一首七绝赫然呈现：

再因公事到骆口驿

今年到时夏云白，去年来时秋树红。

两度见山心有愧，皆因王事到山中。

当白居易知道他的挚友在骆口驿为了看他留下的诗句不惜以锦衣拂苔，感动地写下了一首："拙诗在壁无人爱，鸟污苔侵文字残。惟有多情元侍御，绣衣不惜拂尘看。"这位爱惜友人诗句而不惜锦衣的青年男子便是名满天下的"元才子"——元稹是也。

元稹乃是北魏昭成帝拓跋什翼犍十四世孙，作为一个没落的贵族之后，他一直有着出人头地、重耀门楣的远大理想。可惜的是在他八岁的时候，他的父亲便去世了，家贫无业，他不得不跟着母亲投奔舅舅家过活。

他天资聪颖，发奋苦读，九岁能属文，十五岁即明经擢第，二十四岁调判入第四等，授校书郎；二十八岁应制"举才识兼茂、明于体用科"考试，授左拾遗，妥妥的学霸一枚。他在左拾遗任上因为锋芒过露得罪了权贵，被贬为河南尉。直至此时方才东山再起，被宰相裴垍赏识提拔为监察御史，任剑南东川详覆使赴梓州查泸州监官任敬仲贪污案。

此时的元稹虽然以"才子"之名誉满天下，为官从政却还只是刚刚起步，比起做才子，当一个为民做主的好官才是他的真正志向。裴垍特别欣赏他的正直敢言，监察御史一职正好用到他的这一长处，他要在东川大干一场，让天下为之侧目。

除了办案以外，他此行还有一个重要的目的——见一个人。

早在贞元年间，他便听说西川有位著名的美女加才女名叫薛涛，他也曾读过她的诗，对这名奇女子倾慕已久。在入东川的路上他便已经在想着，此番机会难得，梓州离成都颇近，若能一亲芳泽，那这次的东川之行也就圆满了。可是他身为监察御史出差办案，如果大摇大摆跑去成都会美女，未免太不成体统，要想偷偷去一趟成都又苦于被盯得太紧，怕被对手揪到小辫子。查案赋诗之余难免对月长叹。

心动，情动

忽一日，手下来报，司空严绶遣使来访。

元稹心中狐疑，他与这位严大人曾在京中偶有会面，却也不过点头之交，严绶的老巢在西川，曾任成都尹，东川想来也有不少他的亲朋故旧，朝廷派监察御史来查案，他理应回避嫌疑才是，却怎的在这个节骨眼上派了使者前来？在京时听闻严绶最是人情练达灵通世故，为何此次大反常态，要往枪口上撞？

他思索片刻，便吩咐属下带至书房见面，好奇之下他竟顾不得身份，悄悄在窗边向外张望。只见手下领着一人穿花拂柳而来，那客人身段窈窕，一边走一边留意着院中花草，时不时还稍稍驻足顷刻，显然是个极为怜芳惜翠之人。

待人到廊下，他才看清来人的样貌，只见那人一身文士打扮，眉目如画，气度雍容，举止文秀，通身上下洋溢着一股落落大方的书卷气息，不由得叫人心生好感。

那文士浅浅一揖，轻启朱唇道："成都薛涛拜见元御史。"

一听到"成都薛涛"这几个字，元稹几乎从椅子上弹起身来；

这可是个大大出乎他意料的惊喜，他日思夜想的那个女子竟然就这样从天而降来到了他的面前。怪不得他一见她便觉得甚合眼缘，此刻当然是越看越爱。

他紧走几步，走到薛涛面前，喜不自禁语无伦次地问："你……当真是薛涛？"

薛涛见这位御史大人此刻高兴得忘了形，像个孩子一样大失风仪，忍不住浅笑道："妾身正是薛涛，司空严大人在蜀时常提起京中'元才子'，蜀地名士无不仰慕，此次听闻贵人入蜀，特命妾身前来侍奉笔墨。"

她一边说一边留意他的神情，见他一时间似乎是痴了，微微地红了脸，轻声道："为免招惹非议扰了大人查案，妾身自作主张着了男装避人耳目，还望大人恕妾身欺瞒之罪。"

听得此言，元稹如梦初醒似的连忙道："不不不，不会的。"紧接着在心中感慨道："严绶果然是个'老好人'，竟然替我想得这么周到，这个人情，只怕是非领不可了。"

《清异录》中记述了元、薛二人之间的初见，薛涛在这次会面时作了一首咏文房四宝的《四友赞》，可惜的是诗篇已经失传不可考，今天我们只能读到其中的一部分："磨润色先生之腹，濡藏锋都尉之头，引书媒而黯黯，入文亩以休休。"

《清异录》中原文是"涛走笔作《四友赞》"，很显然，薛涛写的是她最擅长的行书。

后世除了称薛涛为女诗人和"古代十大才女"之一外，还尊她为"中国古代十大女书法家"之一，她的行书乃是一绝。《宣和书谱》记载宋徽宗赵佶曾收藏过薛涛的行书真迹一卷，徽宗是历史上有名的艺术家皇帝，其本身也是个书法大家，他能认可并收藏薛涛的书法，证明她的书法水平确实达到了相当高的水准。另有《悦生堂所藏书画别录》中提到南宋晚期权臣贾似道曾得薛涛《萱草》诗真迹。元朝杨维桢《答曹妙清》诗有"写得薛涛《萱草》帖，西湖纸价可能高"的句子。可见，薛涛的行书历来是备受推崇的。

明朝李贽《答以女人学道为见短书》中形容元稹看到薛涛走笔作《四友赞》时的反应是"微之果大服"，"大服"似乎还意犹未尽，李贽又道"夫微之，贞元杰匠也，岂易服人者哉？吁！一文才如涛者，犹能使人倾千里慕之"。可见薛涛看似闲闲几笔却充分展露了自己不俗的诗书功底，一招就把"元才子"给镇住了，令其心服口服。

一段始于才华、陷于才华的倾世之恋轰轰烈烈地开始了。

三四月的梓州草长莺飞，一派春光烂漫，干劲十足的元稹雷厉风行地对梓州官场进行了一番"扫荡"，引起朝野震动，闲暇之余他便携薛涛遍访梓州古迹美景，一起听东林晚钟，一起涪江赏柳。好不快哉！

命中注定的爱人

世人多对元稹的负心薄幸颇为不耻，不过，从某一方面来看，他也不失为一个好情人。

首先，他是个帅哥，据他的好基友白居易形容他的外貌"仪形美丈夫"，说明他的容貌、身材、体态都颇有风流的资本。

其次，他很聪明，也很有上进心。作为一个没落贵族，虽然他的祖辈一直在当官，可是到他父亲死时，他家里只剩了长安城靖安坊里祖上传了六代的一座老宅子，在他父亲死后，因为经济拮据，他母亲郑氏还考虑过卖掉祖宅为他父亲落葬。他的整个少年时代是跟着母亲寄居在舅舅家生活的，他的《同州刺史谢上表》中自叙曰："臣八岁丧父，家贫无业，母兄乞丐以供资养，衣不布体，食不充肠。幼学之年，不蒙师训，因感邻里儿稚，有父兄为开学校，涕咽发愤，愿知诗书。慈母哀臣，亲为教授。"可以说，他的仕途功名全是靠自己"夙夜强学"读书考试挣来的。

此外，作为一个天资过人的文学家，他有着非凡的观察能力和体悟能力，从他的诗作来看，他特别擅于捕捉生活中的细节，下笔细腻，使作品更加血肉丰满情真意切。这一优点用到谈恋爱中，更是所向披靡，从他写给薛涛和刘采春的诗来看，他就十分精准地把握了这两个女人的心理，投其所好，一击命中。

元稹是一个感情特别充沛的人，不单是对他生命中的女人，他对生命中的男性好友也是深情款款，且不说他与好基友白居易之间感天动地的一世情缘，他在与别的友人交往中也是一概情意激昂。比如他与李景俭结为兄弟时所写的《酬别致用》："一见肺肝尽，坦然无滞疑。感念交契定，泪流如断縻。"甚至比他写给女子的情诗更为热烈奔放。

他天生就多情，不论是对女人，还是对男性友人，或者是对他的国家和人民。虽然他后期的人品官品都堕落不堪，但是在他年轻的时候，他是一心要报效国家的。尤其是此次东川之行，他的铁面无私和不畏强权更是获得了百姓的交口称赞。

这么一个温柔多情、才华横溢、年轻有为的情郎，他像一阵大风充盈着薛涛的生命。有生以来，她从未如此开怀尽兴过，每一个细胞都鼓起一张帆，随时可以去天涯海角远航。她不再是供人玩赏的名伎，也不是什么有名无实的校书，她只是一个女人，一头栽倒在爱情里的女人。

早在少女时代，她便开始憧憬这样的爱情，并将其写进了诗里。

鸳鸯草

绿英满香砌，两两鸳鸯小。
但娱春日长，不管秋风早。

直至成年以后，她虽然身为幕府乐伎，却也仍然情不自禁地向往凡俗夫妇生儿育女、相濡以沫的感情。

池上双凫

双栖绿池上，朝暮共飞还。
更忆将雏日，同心莲叶间。

真正属于她的爱情直到二十九岁才降临，却一点也不迟。一切都刚刚好，在他志得意满的时候，在她重获自由的时候，在这个天造地设的时间里，他们相遇了。

如果她还在幕府之中，是绝无可能与元稹相识相恋的。因为宪宗"仇视其父所任用"，武元衡也对刘禹锡、柳宗元等"永贞革新"党人没有好感，元稹虽非"永贞革新"同党，但是，柳宗元和刘禹锡都是他的好友，他对"永贞革新"是充满同情的，所以，他也不会被武元衡所喜。如果她还在幕府之中，武元衡虽然治下宽厚，却也绝不会允许她独自前来东川与元稹相会。

她相信，他是她命中注定的爱人。他令她感觉无比骄傲，他为国为民的热情，无与伦比的才华，潇洒英挺的气概，他正是她梦寐以求的爱人的样子。在爱情的浇灌里，她也前所未有地自信着、绽放着，她的美丽和才华终于遇到了可以互相映照的完美对象。情之一字，至坚至柔，人世间最淋漓的幸福和最深沉的悲哀都暗藏其中。一个文艺青年，一生之中如果没有经历一次刻骨铭心的爱情，他的辞赋文章再好，也总会有一种未能抵达沸点的缺憾。作为当时最著名的美貌才女，只有元稹这样风流天下闻的大才子才足以相配。他们的相遇，像大唐天空中最耀眼的两颗明星的碰撞，星光四射，火花四溅，这是中唐文艺史最令人激赏的一段风流佳话。

赠远　薛涛

芙蓉新落蜀山秋，锦字开缄到是愁。

闺阁不知戎马事，月高还上望夫楼。

第五章

不为鱼肠有真诀

谁能夜夜立清江

大唐孔雀薛涛：繁华深处，孤独向晚

金风玉露

元稹在东川短短数月，端的是忙得不可开交。朝廷派他来办泸州监官任敬仲坐赃一案，他却大手一抄，把整个东川都给翻了过来。他顺便弹劾了已故东川节度使严砺"违制擅赋，又籍没涂山甫等吏民八十八户、田宅一百一十一、奴婢二十七人、草千五百束、钱七千贯"的不法行为。连死了的贪官污吏都不肯放过，何况是活着的。除了严砺以外，他还弹劾了判官、刺史等十余人。大刀阔斧雷厉风行的元稹在东川大得民心，白居易写诗赞他"其心如肺石，动必达穷民，东川八十家，冤愤一言申"。

此时的元稹可谓是春风得意，一边放开手脚实践济世救民的理想，一边将倾慕已久的美人揽入怀中。他完全沉浸在事业、爱情双丰收的美好幻象里。

　　他在使东川期间作诗三十余首，最后编《使东川十九首》的时候却舍弃了十余首，被删去的部分当然是不方便发表的部分，我们完全有理由怀疑正是与薛涛有关的部分。只有一首《使东川·好时节》隐约留下了一点蛛丝马迹。

　　　　身骑骢马峨眉下，面带霜威卓氏前。
　　　　虚度东川好时节，酒楼元被蜀儿眠。

　　前两句且不提，后面两句明显是自我矛盾的。一边说在东川没有什么有意思的事，等于是虚度了，可惜了这一段"好时节"，显然这并非作者的原意，因为他虚晃一枪以后便迫不及待地假装不经意地低调写道"酒楼元被蜀儿眠"，酒楼之上，锦被之中，有位亲亲的蜀地佳丽相伴而眠。就像一个暴发户见了人先是哭穷，说道"唉，这一趟真是白跑了，一点好处也没捞着"，紧接着，生怕别人笑他傻，低低地神秘地补上一句"也就赚了二三百万"。这样一段情事，哪个男人能不得意呢？那毕竟是"诗达四方，名驰上国"的薛涛啊。她的温柔多情，才华横溢，大方得体，见识广卓，无不让人如沐春风。寻常文人们入川能见上她一面已是了不得的荣幸，能够与她倾心相爱一场，那是多么美妙的体验。

　　可是，恋慕的乐趣总归是短暂的，爱情像是云端的甘露，不亲尝那美妙滋味总觉得不甘心，可是尝过后会发现滋味虽美，却不管饱啊。所以，云端缠绵以后最终还是要落下凡来吃五谷杂粮。

　　春去暑来，这一出轰轰烈烈的爱情大戏，已经到了落幕的时候。元稹回京述职，不得不与薛涛分开了。三个月，在一个人漫长的一生中不过是指缝中那一点儿的时光，却又足以在回忆中抻得无限长。对于元稹来说，那只是三个月而已，对于薛涛来说，那却是她的半生。

与薛涛的相恋，虽然是一次"金风玉露"的美好体验，可是，对于元稹来说，这并不足以为珍。在薛涛之前，他已经有过一次举世闻名的初恋，还有一桩世人称羡的婚姻。

风流才子

元稹二十一岁那年，赴京应试的途中寓居于山西普救寺，他的一个远房亲戚的遗孀带着正值妙龄的女儿也借住在此，适逢城中军营哗变，他仗义出手，动用关系派人保护了亲戚一家，由此与亲戚家的女儿相爱。后来，为了另选高门女子为妻，他抛弃了这名女子。

到了长安以后，他将这段刻骨铭心的初恋写成了小说《莺莺传》，将自己与初恋之人化名为张生与莺莺，记叙了这一段始乱终弃的风流韵事。

莺莺也是个出身官宦家庭的千金小姐，长得很漂亮，而且还善属文，当得起才貌双全。张生一见倾心，以至于"行忘止，食忘饱"。《莺莺传》里有她答张生的一首诗《明月三五夜》："待月西厢下，迎风户半开。拂墙花影动，疑是玉人来。"此诗浅白明快，动静得宜，很有画面感。

她与张生两情相悦，勇敢地越过了礼法，为张生献出了古时女子最宝贵的贞操，男主人公却以一番虚伪到令人作呕的"尤物"论抛弃了她："大凡天之所命尤物也，不妖其身，必妖于人。使崔氏子遇合富贵，乘宠娇，不为云，不为雨，为蛟为螭，吾不知其所变化矣。昔殷之辛，周之幽，据百万之国，其势甚厚。然而一女子败之，溃其众，屠其身，至今为天下僇笑。予之德不足以胜妖孽，是用忍情。"

《莺莺传》让元稹名噪一时，引起了全唐文人的注目，时"里巷相传，为之纸贵"。这是一段糅合了当时群众最喜闻乐见的流行元素的爱情真人秀，一个进京赶考的书生与一个美貌如仙的千金小姐在一个寺庙里上演了一段缠绵悱恻的爱情，暮隐而入，朝隐而出，形同夫妇，然后由文采横溢的男主人公亲自撰写体验报告。元稹犹嫌不够，又写了《会真诗三十韵》对二人颠鸾倒凤的细节进行了绘声绘色的描写。吃瓜群众满足了八卦猎奇心理，元稹获得了多情才子名，牺牲的只有女主人公的名节。

最令人称奇的是，当莺莺嫁人之后，元稹还虚情假意地给她寄去胭脂水粉，还以内兄的身份前去求见。被伤透心的莺莺以一首"弃置今何道，当时且自亲。还将旧来意，怜取眼前人"拒绝与元稹见面。

凭借《莺莺传》在京师声名鹊起的元稹，顺利地进士及第，授秘书省校书郎。他终于拥有了与名门贵族联姻的入场券。京兆尹、太子少保韦夏卿适时地向这位新科进士伸出了橄榄枝，将爱女韦丛下嫁与他为妻。

韦丛乃是韦夏卿最宠爱的幼女，这等出身高贵、温柔贤淑的大家闺秀，正是元稹梦寐以求的妻子。凭借这一桩联姻，初入仕途的元稹顺利地跻身上流社会。

韦夏卿的眼光非常之准，与韦丛婚后两年，元稹便和白居易同登才识兼茂明于体用科，登第者十八人，元稹为第一名，授左拾遗。

元稹初登仕途立即火力全开，一到职立刻接二连三地上疏献表，结果，因为锋芒太锐，他很快便得罪了一大帮权贵，不到半年便被贬为河南尉。大家闺秀韦丛嫁鸡随鸡、嫁狗随狗，跟着丈夫在任上过着十分清苦的生活，像每一个贤良淑德的妻子那样，努力地操持家务，为他生儿育女，吃苦耐劳甘之如饴。

比起初恋之人的刻骨铭心和原配的情深义重，薛涛显得十分没有"竞争力"。她芳华不再，没有名门背景，身世复杂，空有一腔痴情与才华。在最重视门第的元稹眼里，与薛涛这样的女子谈个恋爱是一段风流佳话，要想把她娶回家却几乎是不可能的事。

爱如潮水

在唐朝，婚姻制度十分严格。比如《唐律疏议·户婚》中便规定："人各有耦，色类须同。良贱既殊，何宜配合。"此外，在婚姻制度中还特别讲究妻妾尊卑，"诸以妻为妾，以婢为妻者，徒二年。以妾及客女为妻，以婢为妾者，徒一年半，各还正之"。比如著名的女诗人鱼玄机嫁给状元李亿为妾后，虽然她才貌双全，又与丈夫恩爱情深，然而大妇不能容之，鱼玄机便只能含恨出家做女道士。

此时薛涛虽已脱籍，但是十几年迎来送往的乐伎生涯是她身上抹去不掉的耻辱印记，并不会因为一纸脱籍文书随之散去。她的名气又那么响亮，天下人人皆知她曾在幕府为伎，元稹在朝中为官，如果娶她为妻势必招来世人侧目，于他的仕途必然有损。别说此时的元稹已有家室，就算他尚未婚配，他也断然不会娶薛涛为妻，否则，他就不会抛弃当年的莺莺。

元稹是出了名的"巧宦巧婚"，对于当时社会上的门第婚配观念是认同到骨子里的。

《隋唐嘉话》卷中载，薛中书元超谓所亲曰："吾不才，富贵过分，然平生有三恨：始不以进士擢第，不得娶五姓女，不得修国史。"

有人说过一恨鲥鱼多刺，二恨海棠无香。张爱玲加了个三恨红楼未完。

比起张爱玲的"恨"来，薛元超的"恨"显得"务实"得多。薛元超出身书香世家，官至宰相，三个儿子也都成材，一生也算是圆满了，可是富贵已极却依然也有这等"门第之'恨'"，可见门第观念在唐朝多么深入人心。无怪乎唐文宗也曾感叹："民间修昏（婚）姻，不计官品而上阀阅。我家二百年天子，顾不及崔、卢耶？"

陈寅恪的《元白诗笺证稿》也说道："盖唐代社会承南北朝之旧俗，通以二事评量人品之高下。此二事，一曰婚，二曰宦，凡婚而不娶名家女，与仕而不由清望官，俱为社会所不齿。"所以元稹"舍弃寒女，而别婚高门，当日社会所公认之正当行为也"。那么，他舍弃薛涛几乎是不需要考虑的事情。

元稹匆匆离开了，他急着奔赴大好前程。

独自回到成都的薛涛陷入前所未有的空茫之中，爱情像潮水离去，找不着一点痕迹，徒留她在岸边独自踯躅。她像一座被大火洗劫过的空房子，那些可燃的勇气、激情、热血都在这次恋爱里付之一炬，她变成一座灰色的爱情遗址，失去了以往所有的秩序和坐标，她忘记了自己以前的样子，也不知道该如何重建。

她沉浸在这种幸福的空茫里，许久才回过神来，她的余生该怎么办？

年近而立的薛涛在剑南西川节度使幕府的十几年间已经见识过无数的官员将帅、文人才子，从来没有人能像元稹这样令她动心。她除非此生不嫁，要嫁就只能嫁给这样的男子。她等了这么多年才等到他的出现，当然不愿就此错过。

在普遍十几岁就嫁为人妇的唐朝，薛涛已经是超大龄单身女子。青春已逝，身心俱疲的她无比感激上苍赏赐给她的完美爱情，更加想要这一次奖赏能够变为永恒。可是，她似乎并没有看到这个可能。以她身为女性的矜持，她自然是无法主动开口向情郎许嫁的，可是，他也从未提及要与她共偕连理。当她终于从爱情的余震中回过神来，恢复了理智之后，才逐渐发现现实的残酷。

她的元九一去便如断了线的风筝，再无下文。好在他作为堂堂朝廷命官，要打听他的消息并非难事。

结发妻与逢场戏

元稹回到京城后可以说是诸事不顺。

白居易的《元稹志》记载，元稹此次的东川行"名动三川"，东川的老百姓对他爱戴有加，甚至很多人用他的姓氏来为自己的儿子命名，作为对这位铁面御史的纪念。然而，民众的爱戴并不能为他加官晋爵。紧接着，他便要为自己的理想主义付出代价。

他的东川之行，得罪的不单是东川的官僚集体，京师的权贵听到他在东川如此铁面无私全都倒吸一口凉气，以后谁栽他手里谁倒霉啊，加上那些与严砺有交情的官员们一撺掇，京中官员齐"恶之"，还不止于此，"计天下方镇，皆怒元稹守官"。

他在东川费那么大力气查案和弹劾的结果是宪宗责成地方官

员将私吞的庄园、住宅、奴婢及全部物品，如数退还原主。对刺史柳蒙、陶锽、李怂、张平、邵膺、陈当、刘文异等人，各罚两月俸禄，政绩考课全部定为下等。然后，就没有然后了，这些贪官们无一被夺官入刑。元稹使劲把板子扬得高高的，以为可以打得贪官污吏们皮开肉绽、筋断骨折，结果宪宗只是轻轻地拍了拍他们屁股，看上去更像是在替他们掸灰。更令人气愤的是，宪宗对于尽职尽责的元稹不但没有褒奖，反而是把他调到了东都洛阳。

洛阳被称之为大唐的"东都"，不过那都是唐高宗和武则天时期的事情了，自唐玄宗以后，再也没有皇帝住过洛阳，洛阳的所谓"御史台"不过就是个空架子。元稹被调洛阳，其实就是被架空了。

噩运还远不止此。多年的穷困和操劳使韦丛疾病缠身，元稹使东川的时候她正缠绵病榻。可是，一心要在事业上趁机东山再起的元稹哪里还顾得上她，到了东川，公务繁忙之余又有了薛涛，病床上的韦丛也就只能自求多福了。

在元稹回到洛阳后不久，韦丛病逝。这个含辛茹苦、对他情深似海的女人，没能等到她深爱的丈夫飞黄腾达，只与他相伴了七年就先走了。

元稹大受打击，沉浸在痛失所爱的悲恸中。与自古所有文人一样，他把对爱人的感情投注到了文字当中。悲恸挫磨着他的心志，激发了他的灵感，使他写出了《遣悲怀三首》和《离思五首》这样的杰出诗句，成为继潘安之后又一位伟大的"悼亡诗人"。

遣悲怀三首

其一

谢公最小偏怜女，自嫁黔娄百事乖。

顾我无衣搜荩箧，泥他沽酒拔金钗。

野蔬充膳甘长藿，落叶添薪仰古槐。

今日俸钱过十万，与君营奠复营斋。

其二

昔日戏言身后意，今朝都到眼前来。

衣裳已施行看尽，针线犹存未忍开。

尚想旧情怜婢仆，也曾因梦送钱财。

诚知此恨人人有，贫贱夫妻百事哀。

其三

闲坐悲君亦自悲，百年都是几多时！

邓攸无子寻知命，潘岳悼亡犹费词。

同穴窅冥何所望？他生缘会更难期！

惟将终夜长开眼，报答平生未展眉。

　　作者细细地回忆了夫妻婚后的点点滴滴，深情追忆已故妻子的贤淑。

　　韦丛这位出身富贵家庭的千金小姐，又是韦夏卿最疼爱的小女儿，在家中时是何等的娇宠尊贵，可是嫁给元稹这个穷书生后却百事不顺。元稹结婚初期没有功名，短暂为官后又遭贬，为了让他吃饱穿暖安心写诗做官，这位贤内助不得不翻箱倒柜去典当自己的钗环衣饰，甚至还亲自去挖野菜回来做菜，亲自去打扫落叶回来当柴烧。日后当元稹终于混出点名堂，俸禄有了十万之巨，可以令她过上舒心日子时，却只能拿来买纸钱烧给九泉之下的她了。

　　以元稹的满腹才学和奋进努力，他是相信自己迟早能出人头地的，他一定不止一次向妻子许下承诺，将来一定要飞黄腾达让她妻凭夫贵，只是成功总是来得太迟，而妻子却走得太早。她与他共过最初的患难，却没有共享过一天的富贵。这一份深刻的亏欠和遗憾都被他刻进了心里，写进了诗里。

韦丛死后很长的时间他都沉浸在悲痛里彻夜难眠，经常独坐自悲，"惟将终夜长开眼，报答平生未展眉"确是他彼时彼刻的深情。比起《莺莺传》和《会真三十韵》那样的艳情之作，悼亡诗从另一个角度很好地发掘和展现了元稹的"多情"体质。他对亡妻韦丛的感情真挚、动人肺腑，即使隔了千余年，仍然可以从字里行间读出来。清代著名的诗评家蘅塘退士曾评述道："古今悼亡诗充栋，终无能出此（《遣悲怀》）三首范围者。"

然而，感情是排他的。他对一个女人的深情，便是对另一个女人的无情。"曾经沧海难为水，除却巫山不是云。"这就意味着薛涛于他只是浮云而已。毕竟，一个是豪门千金，一个是风尘名妓，一个是日久情深的结发妻，一个是风流浪子的逢场戏。

如果他一直春风得意下去，也许他的生活还可能为薛涛保留方寸之地，可是，当一个中年男人同时遭遇事业和家庭的双重打击，被逼到墙脚的他，哪里还有什么心思来谈风月旧情？

贬官江陵

这是元稹非常难过的一段日子，他曾作诗感慨"去年御史留东台，公私蹙促颜不开"，公事、私事都不顺利，还自嘲"鬓已衰"。但是他并未就此消沉，他认为"天子久不在（东）都，都下多不法者"。领导在不在，工作都要好好干。于是，在无人问津的洛阳御史台，别人都闲得长蘑菇，只有他兴冲冲地忙活着。在政治上，他从来都是一个理想主义者，虽然已经两度无辜被贬，他却从未动摇过"达则济亿兆，穷则济毫厘"的伟大理想。

这位热血青年继续孤独地奋斗在理想道路上，他在东都洛阳任上揭发了魏博节度使田季安盗娶洛阳衣冠女等十余件违法乱纪的事件并弹劾这些官员。这些弹劾都没有兴起大浪，于是，他又干了票大的——上书弹劾开国重臣房玄龄之后河南尹房式。除此之外，他还和李绅开启了轰轰烈烈的"新乐府运动"。总之，御史元大人很忙，就连韦丛下葬咸阳他都没有亲自去，仅遣家人营驿也。远在成都的薛涛更是被彻底抛到了脑后。

这位河南尹房式大人，便是当年在西川对刘辟极尽阿谀之能事、将之比喻成刘备之人。高崇文灭了刘辟之后只杀了刘辟的几个亲信以儆效尤，房式这小人竟毫发无损，还被高崇文荐了官，全身而退离开了西川，到了河南重起炉灶，可见其后台之硬。

元稹这次对房式的弹劾终于惹恼了房大人背后的宦官集团，在宦官的施压之下，宪宗命元稹"擅令停务"，罚俸一月，希望他能就此消停。这还不是勤勤恳恳一心报国的元稹所遭遇的最大打击。在他从洛阳返回长安听旨的途中，遭遇了一件更为尴尬和羞辱的事情。

《旧唐书》载，元稹夜宿敷水驿，半夜，宦官刘士元至，要求元稹将驿馆的上房让出来给他们住。元稹据理力争，可是，秀才遇上兵，有理讲不清，嚣张跋扈的宦官们根本就不跟元大人讲道理，直接揍了他个满地找牙。不单如此，这些宦官们回到京城后还恶人先告状，把元稹给告了。

自德宗以后，宦官集团已经成为藩镇之后的另一大势力，号称"中兴之主"的宪宗陷在其中两边拉锯，苦不堪言。宦官如此无法无天，身为皇帝，却也只能睁一只眼闭一只眼。为了安抚宦官，宪宗又下令贬元稹为江陵府士曹参军。

对于元稹接连遭遇的不幸，薛涛在成都忧心如焚。可是她一个弱女子，又能为他做些什么呢？正如另一个著名女诗人鱼玄机在与她的丈夫李亿诀别后所写的一首诗中所说"别君何物堪持赠，泪落晴光一首诗"。与情郎分别后的薛涛也只能通过写诗来传情达意。她也只能把她对他的思念和担忧都寄情于诗。

赠远二首

扰弱新蒲叶又齐，春深花发塞前溪。
知君未转秦关骑，月照千门掩袖啼。

芙蓉新落蜀山秋，锦字开缄到是愁。
闺阁不知戎马事，月高还上望夫楼。

薛涛虽然沦落风尘，但是一直以才自守，为文作诗最注重格局气概，她的诗作中很少出现这种浸透了浓浓闺怨的伤情之作。可见确实是对元稹情深到了不可抑制的程度。张蓬舟先生在《薛涛诗笺》中说："此诗表现关系之深，关注之切，于元薛因缘乃系确证。"

虽则神女有心，襄王却已无梦。元稹一贬再贬，从一个光芒万丈前途无量的御史被贬到乡下地方管些斗鸡打狗的琐事，还带着个冒着鼻涕泡泡的拖油瓶女儿，爷俩的衣食冷暖俱不齐全，自然无心再与薛涛缱绻言爱。那曾经爱若掌珠的美好文字再也无法激起他心中的涟漪，那些深情的字句于他已成了一笔还不起的情债，他只有沉默以对。

旧欢如梦

身在成都的薛涛浸在相思的苦海中，日复一日地盼望着长江那头的来信。

江边

西风忽报雁双双，人世心形两自降。

不为鱼肠有真诀，谁能夜夜立清江。

我们眼中的女诗人才貌双绝，风骨高洁，可是在她的爱人面前，她却低到了尘埃里。她虽然有才有貌，但是没有清白显赫的家世背景，即使她再爱一个人，却只觉得自己没有什么可以拿得出手的。才华可以让她"诗达四方，名驰上国"，却不能挽回一个男人的心。对元稹这样一心要博取功名的事业型男人来说，女人的才华不能当饭吃，也不足以当嫁妆。于是，她只能夜夜空立清江边，等来的是那无诀之鱼、无信之雁。

元和六年（811），在好兄弟李景俭的操持下，元稹在江陵纳安仙嫔为妾，不久后有了一个大胖儿子，再次过上了老婆孩子热炕头的幸福生活。

那溯游而上的消息吹冷了江边妇人的心，她知道这一段感情无望了。

在《莺莺传》中，莺莺尚是已故相国之女，算是没落贵族闺秀，而薛涛出身寻常小吏人家，又沦落风尘十几年，亦与莺莺一样自荐枕席，只怕是比莺莺更"妖"。莺莺"始乱之，终弃之，固其宜矣。愚不敢恨"。一个闺中少女被诱惑又遭抛弃尚不可恨之，薛涛又有什么话可说。

几百个日日夜夜的苦候，等来的却是这样一个无言的结局。其实她早该知道了，她在幕府中那么多年，早该看清了，一个风尘女子怎么还能奢望人间的清福。只是，那么难得才等到他来，幸福看起来那么近，总该奋力一试吧。人们总是会以为自己的爱情才是世上最独一无二的，是在常理之外的。其实，那不过是在热恋之时被爱情蒙蔽了双眼所产生的幻景而已，如海市蜃楼一般缥缈虚空。

她虽然曾经沦落风尘，可是一直洁身自好，以才自守，严格地将自己与"北里二三子之徒"区分开来，连作诗都着力洗刷其中的脂粉之气，便是要保持自己的骄傲——她要在任何人面前都能挺直脊梁。而他是那么一个至情至性的人，自然懂得她的珍贵之处，不应当将她与寻常乐伎混为一谈。可是，到头来，他不过是一个平凡男人，他既不想也不愿为了她去挑战世俗的眼光。在他眼里，她也不过是个平凡女人，一个痴爱他的、想将终生托付给他的女人。诗人们过起日子来，照样是要柴米油盐的实惠，精神世界的东西此时要为生活让路。

小妾安氏是个持家的好手，她不仅把韦丛留下的女儿保子照顾得很妥帖，还为元稹生下孩子。谪居江陵的元稹虽然郁不得志，但是享受着天伦之乐，这才是他要的实惠。

寄蜀中薛涛校书　王建

万里桥边女校书，枇杷花里闭门居。

扫眉才子知多少，管领春风总不如。

第六章
长教碧玉藏深处
总向红笺写自随

浣花溪上如花客

一切如风，只有诗永在。

浣花溪的小天地里，只有诗歌与她相伴。她独坐，独吟，独写，独醉，只有诗歌默默承载着她啼血的悲伤。她写了一首又一首，一纸一笺都妥善珍藏，是自爱，也是自怜。那娟丽明媚的字迹写在明黄的硬纸上，似乎饱含无限清愁，短短的几行诗句匍匐在大而无当的黄纸之上，总觉得有种难以安置的委屈。

她突然决定，要为自己定制纸笺。她要好生安置自己的字与诗。她爱红色，她要自己秀美的文字悠然栖卧在明艳的红色诗笺之上，纸质要细腻柔软，纸张要大小合宜。一切都要自己喜欢。作为一个杰出的诗人和书法家，没人比她对纸张的书写体验更加细致入微了。既然人世间那么多事情无法自主，那么便把那些自己可以做主的事情都给做了吧。作为一个诗人，为自己做一种诗笺，何乐而不为呢？

在唐朝，成都已经是全国最重要的造纸产地，我国现存最早的印刷品《成都府成都县龙池坊卞家印本陀罗尼经咒》便出自成都。据考证，这本梵文经书印刷的时间便是薛涛所生活的时期，更为巧合的是，这本经书于1944年在成都望江楼一唐墓中出土，望江楼正是现今的薛涛墓所在地。薛涛跟纸的因缘真是理不清、割不断。

薛涛居住的浣花溪在当时正是成都的造纸业中心，因为浣花溪的周边地区盛产竹、麻、椿、桑、木芙蓉等植物，选材取材都很方便，并且浣花溪与锦江相通，运输方面也比较便利。还有一个重要原因便是浣花溪周边水系发达，水资源十分丰富，且水质十分适宜造纸。这一带的水都极清，悬浮物极少，水的硬度也不大，因而能造出洁白光滑的纸张。因水质好，凡纸所取之色皆不变而益光艳，故最宜制笺。《蜀笺谱》载："以纸为业者家其旁。锦江水濯锦益鲜明，故谓之锦江，以浣花潭水造纸故佳，其亦水之宜矣。"

于是乎，薛涛便开始利用近水楼台之便，成立了自己的工作室，带领匠人一起研制新笺。薛涛在此时此地选择投身造纸业，可以说是天时地利人和皆备。因为，不单是薛涛自己对纸张的体验有着十分迫切的需求，整个唐朝空前繁盛的文化艺术事业都在等待着更好用的纸张面世。

当时社会上所用的笺纸人称"硬黄纸"。宋赵希鹄《洞天清录》中载："硬黄纸，唐人用以写经，染以黄檗，取其避蠹。""硬黄纸"以楮皮或者桑皮为原料，在成纸上浸染黄檗汁液，使之呈现天然黄色，再在纸上涂蜡，纸张表面光莹润泽，韧度好，硬而厚，一般做成长方形，无纹饰。因为古人有"批反"之习，所以当时的纸笺幅面一般都较大。所谓"批反"，指的是下级向上级呈文时在纸尾预留空白以供批复，中国人讲究礼仪，便把这种本来用于公文上的规矩带到了生活中，平日亲友同事间信件往还也仿此法，在信尾留空以示不敢与对方平起平坐，美其名曰"敬空"。这样，笺纸当然要大一些。用这样的纸张来写诗既浪费纸面又不美观，而且颜色也不够清新悦目，离薛涛"雅致合宜"的要求甚远。她决定一点点来，从颜色、工艺到尺寸逐项进行改良。

薛涛笺

造纸的工序是比较复杂的，尤其是在科技落后的古代，从采集原材料到纸张的晾晒、压制、切割，要经过砍、捶、捆、泡、铡、蒸、煮、浆、碾、洗、滤、揭、晒，以及设色等。要完成这些工作，需要上山下河、刀砍火煮、曝晒染色，这些显然都是不适合文化人干的活儿，更不太适合女人。

国画大师张大千先生也曾经下纸乡与纸农共同研讨造纸技术，亲自设计纹帘，改进幅尺，设计纹饰，制成有云纹暗花和有大风堂字样的书画纸和莲花笺，传为风雅之事。不过在"万般皆下品，唯有读书高"的古代，文人们一般看不起卖苦力的工匠，更不屑于做这些事情。

作为一个"不走寻常路"的女人，薛涛再次展现了她的叛逆精神。她丝毫不顾及旁人的看法，一头扎进了纸坊里，开始像个匠人一样去钻研琢磨。逐条逐项地去试验原材料，一遍一遍地调试颜色，一次一次地调整厚度，不断地改进工艺，直到效果满意为止。她不再是出入节度使的贵宾，也不再是十指不沾阳春水的诗人，连深入肺腑的情伤都被抛诸脑后，她像个沉迷游戏的孩童，执着地在纸坊的小天地里，不断地设计、试验、纠错、定版，终于研制出了自己的纸笺。

《天工开物》里介绍了薛涛制笺的方法："四川薛涛笺，以芙蓉皮为料煮糜，入芙蓉花末汁，或当时薛涛所指，遂留名至今，其美在色。"她采用了传统制纸的方法，心思灵巧地加入了自己的创意，不用楮皮或者桑皮，改用芙蓉皮为原料，煮烂后加入芙蓉花粉汁，使纸的底色焕然一新，打破了黄纸的沉闷枯燥。然后她自创了一种全新的"涂刷染色"工艺，以红色的鸡冠花、荷花及不知名的红花做原料，将花瓣捣成泥再加清水，经反复试验，从红花中得到染料，加入胶类黏合剂，配制成涂料，然后抄纸时直接涂在纸上，代替了浸染上色的传统工艺。染色的工序要持续数遍，反复涂抹使颜色更加均匀，再以书夹湿纸，将吸水性较强的麻纸附贴其上，一张张叠压，每十张为一榻，压平阴干。她的这一改良类似现代的涂布加工工艺，可以节约染料，降低成本。

通过对植物染料的精深研究，她举一反三制出了深红、粉红、杏红、明黄、深青、浅青、深绿、浅绿、铜绿、残云等十色彩笺。这十种颜色中薛涛最爱的当属深红小笺，那是正大喜悦充满生命力的颜色。为了变花样，她还别出心裁地将小花瓣洒在小笺上，印成了带花瓣的红色彩笺。

经薛涛改良之后的纸笺尺寸长短正好用来题写一首诗，从此成了诗笺的标准规格，"蜀中才子既以为便，后减诸笺亦如是"。

明朝何宇度《益部谈资》说："蜀笺古已有名，至唐而后盛，至薛涛而后精。"

薛涛创制的精美彩笺一诞生便马上受到热烈追捧，她再度在大唐的文人圈子里爆红。她所制的笺被人们称为"薛涛笺"，带着她一身的浪漫才情，海内远播。一个"诗达四方，名驰上国"的女诗人自创一个纸笺品牌，美人、美笺、美诗，再配上她的一手绝妙书法，这就好比我们今天红遍全球的模特兼设计师自创一个服装品牌，她既是老板，又是设计师，还是形象代言人，势必会在行业红得一塌糊涂。

据记载，曾经与薛涛唱和者，除了历任蜀帅以外，还有王建、元稹、白居易、令狐楚、裴度、张籍、杜牧、刘禹锡等，这些人个个都是当时的才子名士，可以说是占据了中唐文化界的半壁江山。她与这些大诗人们酬唱往来，肯定用的都是她自制的彩笺，如此一来，等于这些大诗人们全都在帮她做广告。比如李商隐的"浣花笺纸桃花色，好好题诗咏玉钩"，这便是最有说服力的广告词啊！

从此，"薛涛笺"便成为历代文人们心中风雅无俦的象征。

古今佳话

如果在宪宗元和年间有微信朋友圈的话，那么，大唐所有的文人士子都会将自己的得意之作写在"薛涛笺"上，拍足九张以后发到朋友圈里："亲，你用'薛涛笺'了吗？"

后来，同样隐居浣花溪的晚唐诗人韦庄有《乞彩笺歌》记录"薛涛笺"的生产制作：

> 浣花溪上如花客，绿暗红藏人不识。
> 留得溪头瑟瑟波，泼成纸上猩猩色。

手把金刀擘彩云，有时剪破秋天碧。

不使红霓段段飞，一时驱上丹霞壁。

蜀客才多染不供，卓文醉后开无力。

孔雀衔来向日飞，翩翩压折黄金翼。

我有歌诗一千首，磨砻山岳罗星斗。

开卷长疑雷电惊，挥毫只怕龙蛇走。

班班布在时人口，满袖松花都未有。

人间无处买烟霞，须知得自神仙手。

也知价重连城璧，一纸万金犹不惜。

薛涛昨夜梦中来，殷勤劝向君边觅。

皇甫枚在写《步非烟传》时有云："（赵）象发狂心荡，不知所持，乃取薛涛笺，题绝句曰……"男主公赵象写给隔壁的情人步非烟的情诗，便用的是薛涛所制的红笺。由此可见，在中晚唐时期，薛涛笺已经成为文人士子案头的必需品了。

更有意思的一个细节是，白居易的《江楼夜吟元九律诗成三十韵》中写道："斜行题粉壁，短卷写红笺。"可见，老白当时也在用薛涛笺，他一边吟着元稹的诗，一边把自己所感又写成诗，题在薛涛笺上。我们可推测一下，他寄给元稹的诗，很可能也是用的薛涛笺，甚至元稹本人写诗可能也在用薛涛笺。这个女人，以其强大的生命力将自己的声名霸气地渗入了大唐文化界的每一个角落。

薛涛的纸笺不单是在文化界引起轰动，她对纸张工艺的改良推动了成都乃至全国造纸技术的发展，由此而带动的诗歌艺术的发展对纸业经济的促进也不容小觑。后来，薛涛笺因其形制精巧适度、图案新颖典雅、色彩绚丽而被当成了入宫的贡品，成为皇帝回礼使节及赏赐臣下的珍品。薛涛本人也因此与蔡伦、谢景初并列成为中国造纸史上的三大名人。

在后世的诗词中我们经常可以看到"薛涛笺"的身影。

宋人张炎《台城路·寄姚江太白山人陈文卿别本文卿作又新》："薛涛笺上相思字，重开又还重折。"

宋人李彭老《木兰花慢·正千门系柳》："梦云飞远，有题红、都在薛涛笺。"

宋人张元幹《小重山·谁向晴窗伴素馨》："薛涛笺上楚妃吟。空凝睇，归去梦中寻。"

清人黄遵宪《杂感·大块凿混沌》："左陈端溪砚，右列薛涛笺。"

明朝著名学者李东阳有一副著名的《题书斋联》：

沧海日，赤城霞，峨嵋雪，巫峡云，洞庭月，彭蠡烟，潇湘雨，广陵潮，匡庐瀑布，合宇宙奇观，绘吾斋壁；

青莲诗，摩诘画，右军书，左氏传，南华经，马迁史，薛涛笺，相如赋，屈子离骚，收古今绝艺，置我山窗。

他将薛涛笺与青莲诗、相如赋、屈子离骚等并列，列为"古今绝艺"，可见"薛涛笺"在历代文人才子心中的地位。甚至我们可以说，从历史影响来看，"薛涛笺"的重要性更胜于"薛涛诗"。

名正言顺"女校书"

脱乐籍之后，薛涛的声望凭借"薛涛笺"再度水涨船高，她成功地洗刷了乐伎生涯带给她的耻辱，成功变身为一个自主、自立、自强、自由的职业女性。从此，在"乐伎""诗人"之后，她又有了一个新的职业——匠人，或者，也可以说是女企业家。南宋记录各地地理风物的专著《方舆胜览》云："涛，蜀妓也，以造纸为业。"《蜀笺谱》甚至把薛涛与当时的造纸名家"谢公"相提并论。可见当时她已然跻身造纸行业的翘楚了。

她不再是那个仰人鼻息、为人凑趣、一言不合就遭贬的"鹦鹉"，她有自己的宅院和工坊，有自己的人脉和客户群，自主生产，独立运营，轻松地实现了财务自由。她也不再是那个幕府院落中为了生存而扭曲的盆景，她早已长成一株高大的乔木，自由自在地舒展着枝叶，向着更高更远的天空。她的成就让很多男人都望尘莫及。

她将自己打造成为西川最重要的一个文化符号，已经成为西川的骄傲。武元衡看中了她这块金字招牌，再度请她出山入幕任校书郎，这一次，她没有再拒绝。通过造纸工坊的运营，她看到了另一种生活的可能。身为女人，除了相夫教子或者沦落风尘之外，还可以拥有自己的事业。痛过爱过之后，她认清了这个社会的本质，决定勇敢地再挑战一把。不管是乐伎还是商人，在唐朝始终是低人一等的贱民。作为一个官宦家庭的千金，她要彻底洗刷自己身上的耻辱，她要回到原来的阶层，那是她的起点。她要以女儿之身实现父亲当年的愿望。自十五岁入幕府，她与那些校书郎同僚们共事，同题赋诗，她深信自己不比他们任何人差。

通过武元衡镇蜀之后的所作所为，她认为可以充分信任这位忠厚长者。《新唐书·武元衡传》记载："元衡至，绥靖约束，俭己宽民，比三年，上下完实，蛮夷怀归。"此时的西川似乎又回到了若干年前韦皋治下的繁荣景象，人民安居乐业，幕府中也是人才济济。武元衡生活节俭，不喜奢靡，境内政治清明，上下一心，一片欣欣向荣之景象。加上朝廷在与藩镇势力的斗争中一直处于主动态势，陷于强藩多年的"河南北三十余州"又归中央政府管辖，整个大唐都似乎看到了重振的希望。这一时期史称"元和中兴"。

这样的大好形势，连薛涛都受到了鼓舞，她相信在武元衡这样充满人格魅力的明主麾下，即使身为女子，也能够为国为家、为西川出一份力。温厚儒雅的武元衡与独裁暴躁的韦皋不一样，她相信武元衡是发自内心地欣赏她、怜惜她、尊重她。她相信他会善待她，就像善待西川的百姓一样。

元和五年（810），薛涛再度入幕，正式成为西川节度使幕府的一名校书郎，也是大唐开国以来第一位女校书。这一年，她刚好在而立之年的门槛上。消息传开，各方故旧纷纷来贺。

与武元衡交好的著名诗人王建写了一首《寄蜀中薛涛校书》云：

> 万里桥边女校书，枇杷花里闭门居。
>
> 扫眉才子知多少，管领春风总不如。

这首诗让"薛校书"之名再次扬遍海内，这一次，不再是戏称，而是铁板钉钉、如假包换的女校书。

王建的这首诗是薛涛曾经被授校书郎的铁证之一，以薛涛谨慎低调的性格，如果没有正式任命，她不会让这么一首诗流传开来，未得其名而强行加之，反而显得小家子气。另一个证据则是段文昌在薛涛离世后为其题写的墓碑"西川校书薛洪度之墓"。如果说王建的诗作乃是他的个人行为，那么墓碑题字这么严肃的事情可是容不得半点玩笑，尤其是这题字还出自当时的宰相之手，堂堂一国宰相必然是金口玉言不同儿戏。更何况，到薛涛去世时，她早已名满天下、德被三川，根本不需要再虚构一个校书郎的名号来为自己贴金。

未了情

乐伎、诗人、纸坊老板、校书郎，足以证明薛涛才华之夺目。我们不得不承认，有些人，不论做什么都会成功。即使她生在男尊女卑的封建社会，甚至为了生活沦落风尘，最终仍能以超凡的智慧和不懈的努力自拔于淤泥之外，并且得到人们的认同。

除了情场失意，她的前半生至此可以称得上是完美了。从来没有女子像她一样走过这样充满曲折和传奇的道路，从一个官宦家庭的千金，到幕府中迎来送往的乐伎，从一个"名驰上国"的女诗人，到自主创业成功的女企业家，甚至破例成了大唐第一位女校书，她的角色之多变，跨度之广大，即使在现代社会也是令人咂舌的。

幕府中琼浆玉液的醺然，边塞烽烟的苦涩，至亲离去的孤独，为文作诗的快乐，双宿双飞的甜蜜，她通通尝遍了。可是，作为一个女人，她的人生存在着一个重大的缺失，她没能和自己所爱的人组成共同的家庭，没能和爱人一起养育共同的孩子。她虽然做了很多勇敢突破时代局限性的事情，却不可能完全跳脱于那个时代，更无法突破自己的天性。她渴望一个家庭，渴望与所爱之人相濡以沫，烟火平生。

她没有想到，她这一生最困难的竟然是这件事情。她做什么都成功了，唯独做妻子这件事情，这是她无法凭借自己的智慧和努力完成的。这一生，她只希望能够做他元九的妻子。虽然那个人伤她至深，她却从未停止过对他的思念。

在薛涛勇攀人生高峰的时候，她的情郎元稹依旧处在人生的低谷。

元和九年（814），他的姜室安仙嫔病逝，他再一次成了鳏夫，情况比上一次更加糟糕。安氏留下的孩子，再加上发妻韦丛留下的女儿保子，他成了一个带着孩子的单身父亲。

已经变身成功女性的薛涛，并没有忘记阔别几年的心上人。有学者认为，她在此期间曾经去过江陵一趟探望元稹。此时，她的故人严绶在江陵尹、荆南节度使任上，是元稹的顶头上司。作为元、薛二人的"媒人"，严绶极有可能再度撮合两人。

这个时候，元、薛二人的身份已经发生了微妙的变化。

元稹虽然深得严绶赏识，但是依旧只是个士曹参军，相当于江陵府的民政局或者公安局局长，不知道何年何月才能起复。薛涛虽然只是个文职工作者，其级别却相当于西川省委书记的秘书，尤其是这位省委书记还兼任国家总理，是皇帝最为倚重和赏识的大臣。作为一个谪官，元稹这时候穷得叮当响，曾任江陵府法曹参军的韩愈曾经哭穷称"掾俸酸寒"，时任江陵府士曹参军的元稹本来家底就不厚，这时还要养育孩子，经济上拮据得很。对比起来，一人吃饱全家不饿的薛涛就过得滋润多了，除了西川节度使幕府的俸禄以外，她还有自己的豪宅和造纸工坊，她的纸坊做的都是当世文化名流的生意，又有政府背景加持，生意可说是货如轮转、财源滚滚。

按照我们现代社会的标准，薛涛此时是个钻石级别的单身女贵族，有才有貌，慧质兰心，腰缠万贯，而元稹只是个带着孩子艰难度日的普通州县正科级公务员。虽然元稹的出身更好、名气更大，但是要谈婚论嫁的话，当然是元稹高攀了。

相信薛涛此时也是相当自信地去赶赴这一场"故人"之约的，当然，她的自信并不是因为自己变成了"款姐"，而是她已经正式成为女校书。这一身份的改变对她来说具有十分重要的意义。如果说在此之前，她与情郎无法结成眷属的原因，一是因为韦丛在世，二是因为二者身份有别，那么，此时这两个障碍都不存在了。韦丛已经过世，她又已经成为国家正式公务员，虽然与朝廷秘书省正式编制的校书郎不能比，也算是公门中人了，与元九相配，不算是辱没了他。

江陵之行

从成都到江陵的这一路上，她的心情很不错，在途中游览了不少名胜古迹，也留下了不少重要的诗作。

题竹郎庙

竹郎庙前多古木，夕阳沉沉山更绿。

何处江村有笛声，声声尽是迎郎曲。

竹郎指的是古代西南少数民族领袖夜郎王，据《后汉书·南蛮西南夷列传》的记载，夜郎一族起源于一个生于竹中的男婴，因此世代以竹为姓，夜郎王也称竹王。"夜郎者，初，有女子浣于遯水，有三节大竹流入足间，闻其中有号声，剖竹视之，得一男儿，归而养之。及长，有才武，自立为夜郎侯，以竹为姓。"

薛涛路过的这座竹郎庙便是夜郎族后人为了纪念竹王所建的祠庙。这座古庙之前古木森森，十分幽静，山色在沉沉夕照之中更显青翠。在这古老的竹郎庙前，听到江边的小渔村里传来悠扬的笛声，仿佛是族人们对于先贤竹王的悠悠怀念。

西岩

凭阑却忆骑鲸客，把酒临风手自招。

细雨声中停去马，夕阳影里乱鸣蜩。

西岩又名太白岩，位于今重庆万州，相传太白曾在此读书。作为一名诗人，来到诗仙昔日读书之处，当然要写诗凭吊一番。

薛涛倚靠在偶像李白曾经读书的栏杆上，仿佛见到了李白一边临风把酒一边向她招手致意，他潇洒地在细雨中信马由缰，却突然停了下来遥遥远望，仿佛在等着她一起红尘做伴、浪迹天涯，正在诗人欣喜之时眼前幻景却又突然消失了，睁眼一看，夕阳晴好，蝉鸣嘶叫，哪里还有那位骑鲸客的仙踪，不过是诗人怀想偶像的黄粱一梦罢了。

谒巫山庙

乱猿啼处访高唐，路入烟霞草木香。

山色未能忘宋玉，水声犹是哭襄王。

朝朝夜夜阳台下，为雨为云楚国亡。

惆怅庙前多少柳，春来空斗画眉长。

巫山上渺无人迹，只有高低错落的纷乱猿啼不时在远处响，更显空山寂寥。山间草木葱茏，云蒸霞蔚，在那若有若无的清香中，诗人不辞辛劳登上山去拜谒巫山神庙。宋玉之辞藻，襄王之多情，皆已成千年往事，人间也已经不知换了多少朝帝王，唯有山水不改，一如旧时。巫山云雨的万千变化，像在演绎着古国兴亡，庙前惆怅的柳枝也不甘寂寞，你长我短地斗个不停。

在诗人的眼中，这一切既神秘又空旷，让人想起古今兴亡，却又不哀不伤。皆因她的心中怀抱着希望，她在憧憬着此行能够有一个完满的结果。但是，江陵之行的结果却并不那么理想。

世间的男女，有的矛盾重重，恨不得你死我活，却又能够绑在一起台风都吹不散；有的明明互相有情有义，却又偏偏有缘无分，见面手难牵。薛涛和元稹大概就属于后一类了。

薛涛的聪慧美丽，元稹也不是不爱，即使是在他落魄如斯、她风光如斯之时，她也依旧对他一往情深，千里迢迢来探望他。这样一个女子，做恋人，或是做知己，当真是再好不过。可是，要说到做夫妻，却总是差了点什么。

就像胡兰成在逃亡期间隐姓埋名躲在温州，张爱玲千里迢迢去看他，他却在心里把范秀美当成最亲近的人。他曾经也真切地爱过张的，并且为她写下了"愿使现世安稳，岁月静好"的婚书。那曾经令他深深恋慕过的她的才华，就像一件华美耀眼的礼服，在他春风得意时可以锦上添花，穿上身来华光璀璨、令人称羡，可是对于此刻落魄失意的他来说却无甚用处，食之无味，弃之可惜，甚至，还有那么点儿讽刺。此时此刻，他宁愿选一件柔软厚实可以贴身而着的旧棉袄，那样他能更加心安。

也许，元稹也是在自卑着，怀疑着自己的魅力。他怀抱着满腔才华，曾经自负到不可一世，此刻，却要一个曾经仰望他的女人来同情。他知她的好意，可是，他无法坦然接受这样错位之后的感情。又或者，他也在怀疑自己到底能不能给她幸福。韦丛的死和不断陷落的仕途，让他意识到自己这一生可能注定没有成功的那一天了，她如果嫁给他，不过是害了她。与其如此，不如趁早"辜负"。

这一年元稹三十六岁，死了一妻一妾，带着孩子，人到中年，曾经搏击长空的双翼已经无力地垂下。虽然梓州之行不过四五年前，这双翅膀却已经无法承受一份爱情之重。

没有人知道在江陵发生了些什么，他们如何相见，又如何诀别。总之，这是他们此生的最后一面。初见与诀别，都是她主动，也算是有始有终，可以给自己一个交代了。

也有人认为元稹这一次并没有拒绝薛涛，而是许下了来日重逢的诺言。因为事后薛涛曾经写了一首诗：

牡丹

去春零落暮春时，泪湿红笺怨别离。

常恐便同巫峡散，因何重有武陵期。

传情每向馨香得，不语还应彼此知。

只欲栏边安枕席，夜深闲共说相思。

从这首诗看来，元稹不知道以什么样的理由来了一个缓兵之计，既没有答应娶她，却也没有决绝地推开她，而是虚设了一个"武陵重逢之期"。看起来这确实像是元稹的行事风格，他很难决绝地去伤一个女人的心的，尤其是当她千里投奔来他怀中，可是，同样地，他也很难越过心中的门第观念答应娶她。于是，先许下一个不确切的愿望，给一个模棱两可的答案，搁置一旁。

不过据张蓬舟先生考证，这首《牡丹》乃薛能所作，并非薛涛的诗，那么，所谓的重逢之期也就子虚乌有了。不过，这对于薛涛来说，并没有什么区别。因为，没过多久以后，元稹便在通州续娶了裴淑为妻，薛涛的"双栖"美梦终究是彻底破碎了。

春望词　薛涛

风花日将老，佳期犹渺渺。

不结同心人，空结同心草。

第七章
风花日将老
佳期犹渺渺

血色黎明

武元衡在西川殚精竭虑，清正严明，以他的文武全才出色地完成了宪宗交予他的重任，"六岁蜀城守，千茎蓬鬓丝"（《送兄归洛使谒严司空》）。在武元衡的辛苦操持下，西川又恢复了往日的繁华，他也赢得了西川百姓的爱戴和敬重。

元和八年（813），西川大局已定，武元衡被召回长安。在遥远的长安，还有最重要的大事等着他去做，那就是削藩。

由于节度使在辖区内同时掌握了政权、军权和财权，可以自由扩充军队，任命官吏，征收赋税，还管辖所属各州刺史，他们在行政上几乎已经完全可以独立于朝堂之外。到宪宗元和二年，据李吉甫撰《元和国计簿》载，天下方镇共有四十八个，其中十五个不向朝廷报户口，不上缴税收。藩镇势力不打压，帝国迟早重现"安史之乱"的悲剧，以唐朝此时的国力，是万万经不起这样的折腾了。

在离蜀回京的路上，他一改入蜀时的忧愤低落，作了一首《元和癸巳余领蜀之七年奉诏征还二月二十八日清明途经百牢关因题石门洞》表达自己的雄心壮志：

> 昔佩兵符去，今持相印还。
> 天光临井络，春物度巴山。
> 鸟道青冥外，风泉洞壑间。
> 何惭班定远，辛苦玉门关。

这个时候，削藩之战已打了近十年，中央财政渐渐不支，很多大臣都主张与藩镇议和，无谓再劳民伤财。武元衡始终是坚定的主战派，有了他的支持，宪宗才能继续坚持削藩。

元和九年，淮西节度使吴少阳死后，其子吴元济自立并起兵谋反，宪宗下令清剿。

淮西藩镇历来与成德节度使王承宗、淄青节度使李师道等勾结，是唐王朝的心腹大患，这一次，三家再次决定联合抵抗朝廷的打击。这是宪宗削藩以来遭遇的最顽强的抵抗。

李师道认为，皇帝之所以如此强硬地坚持削藩，皆是因为武元衡这样的主战派大臣的撺掇，只要把武元衡拉下马来，主战派群龙无首，其他大臣们就会倒向主和一派了。而武元衡刚正廉洁，不管是威逼利诱还是拉拢腐朽都绝无成功的可能，几番计议，一个疯狂的计划浮上了水面。

元和十年（815）六月三日，清晨，天色未明，天边依稀挂着几颗冷清的星子，闪耀着忧郁的清辉。寥寥星光下的长安城还在酣睡之中，从高处俯瞰，整整齐齐的青灰的屋脊一片连接着一片，像一群一群收拢着翅膀假寐的巨兽，它们嶙峋的翅膀彼此紧紧相接，仿佛在掩盖着一个巨大的秘密。

在这寂静的城郭中，已经有了马蹄的"嘚嘚"声，一下一下，清脆而坚定地叩响街道，那是勤勉的大唐宰相武元衡正要去上朝。因为操劳过度，他双鬓的白发连如墨般的天色都无法掩盖，马上的身影萧然，脊背却坚挺如山。

他朝着大明宫的方向，朝着天子的方向，一步步地往危险靠近，步入死亡的陷阱。但是他没有一丝迟疑，他的一副身躯早已许给了这个国家和它的子民，朝廷与藩镇的战争已经白热化，谁也不知道这场战争的终局如何。他的信念只有鞠躬尽瘁、死而后已。

"咻"的一声，一阵急风袭来，前面领路的随从手中的灯笼应声而灭。那是一支带着浓烈死亡气息的箭，还没等大家反应过来，黑暗中宰相一声惊呼，他的肩膀被射中了，一群黑衣人如游鱼般从隐蔽的角落里疾速奔出，奔向惊骇中的宰相一行。

整个长安城闷声不响，眼睁睁地看着这场骇人的杀戮发生。

宰相的随从们奋力抵抗，终究不敌有备而来的歹徒，不一会儿便被尽数驱散。混战中宰相左腿被贼人砍中，他仍坚强地伏在马背上。马儿往东南方向跑了十几步后被歹徒追上。歹徒手中的刀光照亮了大唐的夜空，紧接着长安城便陷入永夜般的黑暗。宰相为大唐帝国敬献的一腔热血喷涌而出，流入同样黏稠的黑暗中，血腥的味道随之漫入长安城的一百零八坊。等到大明宫的天子和长安城的百姓们知觉，宰相武元衡的血已经流干了。

这是一桩蓄谋已久的凶杀案，歹徒们布局严密，训练有素，迅速地直奔主题，并且砍下宰相的头颅扬长而去。堂堂一国宰相，横尸街头，身首异处，这一切都发生在天子眼皮子底下。著名诗人白居易愤怒地将此次刺杀事件称为"大唐国耻"。

长向夷门感旧恩

武元衡的死意味着皇权对阵藩镇力量的震慑已经失败，藩镇的野心已经昭然若揭，手段也已经无所不用其极，二者之间已经没有任何斡旋的余地，只有生与死的较量。武元衡的鲜血染红了长安的天空，那一抹猩红昭示着大唐王朝将再也没有黎明。国之将死，奈何如之。

这对于薛涛来说也是一个沉重的打击，她虽然曾在诗中自谦称"闺阁不知戎马事"，实则对于西川以及整个国家的命运有着非常深切的关怀。她当然知道，失去了武元衡这样的肱骨重臣，对于此时的大唐帝国来说意味着什么。

武元衡镇蜀的几年，是薛涛一生中最为自由舒适的几年。她脱了乐籍，又以校书郎的身份重入幕府，成功制出"薛涛笺"，圆满地完成了从乐伎到女官的精彩转身。她对武元衡的崇敬和感激也非常人可比。

元和九年冬，武元衡还朝后，曾在他幕府效命的一个卢姓官员也离蜀赴京，薛涛在赠别诗中还提到要请这位卢员外转达她对武相国的思念和感恩之情。

送卢员外

玉垒山前风雪夜，锦官城外别离魂。

信陵公子如相问，长向夷门感旧恩。

风雪苍茫的冬夜里送别友人，心情也显得分外凄凉，当是时，她心中最为感念的却是那位对她恩同再造的相国大人。她自比贫贱的梁国监门小吏侯嬴，对给予她赏识和尊重的贵人信陵君充满了感恩之情。故人远在长安，重逢难期，只能委托朋友务必要转达她对相国大人的祝福和思念。

谁能料到，她最敬重和感激的人，竟以这样惨烈的方式殉国。远在成都的她听闻他的死讯心如刀割，泪如泉涌，他的恩情，她再也无法报答了。

好朋友御史中丞萧祐陪她出去泛舟散心，她想起旧时跟同恩公一起在摩诃池泛舟时的情景，忍不住痛哭失声。

摩诃池赠萧中丞

昔以多能佐碧油，今朝同泛旧仙舟。

凄凉逝水颓波远，惟有碑泉咽不流。

"碧油"指"碧油幢"，军队的营帐或大臣的车帷。摩诃池位于四川成都，是隋唐时期的人工湖。贞元元年，节度使韦皋开解玉溪，并与摩诃池连通，为摩诃池接入活水源头。此后，此池便成了一个著名的景点，无数文人才子曾在此畅游作诗。高崇文之孙高骈镇蜀时曾有诗云"画舸轻桡柳色新，摩诃池上醉青春"，宋代陆游也曾"摩诃池上追游路"。

当年薛涛与萧中丞曾一起在武元衡幕府中效力，共同辅佐其治理西川，闲暇时恩公也曾带领他们一起在摩诃池上泛舟散心。而今物是人非，无尽的滚滚逝水恰似她心中诉不尽的凄凉，睹物怀人，她不由得悲从中来泪流不止。

梅开二度

元和十年正月，元稹一度以为自己的春天就要来了，他与好友刘禹锡、柳宗元、李景俭等同被召入京中。

回到长安之后，元稹与白居易、樊宗师、李绅等好友城南踏青，大醉而归，兴之所至，他与白居易便在马上你一句我一句地递唱艳曲，二位"诗坛盟主"也是着实了得，迭吟递唱连绵二十余里不绝，直把李绅等惊得无所措口。元稹很久没有如此高兴过了，在马上大唱大笑，"知我者以为诗仙，不知我者以为诗魔"。

可是，好运气仍未降临，三月二十五日，大明宫的旨意下来了，诏命元稹为通州司马。

通州，今四川达州，比江陵还要穷僻的地方。司马，郡佐之职，虽有"通判列曹""纲纪众务"之名，却无实职，不过"案牍来时唯署字"而已。他的"达则兼济天下"的远大理想再度落空了。

他不得不再度启程入蜀。

六年前的春天，恰是这个山花烂漫的时候，他一身锦衣，意气风发地入东川查案，恨不得秉烛夜行不纵分秒，"夜深犹自绕江行，震地江声似鼓声"。彼时满身气血，要为国为民干下一番大事业，那地动山摇的鼓声都似在为他壮行，为他鼓劲。如今再度入川，心情却完全不一样了，只闻"哭鸟昼飞人少见，怅魂夜啸虎行多"，连春色都变得凄凉。他感到前所未有的孤独。

他望着山间的野枇杷，想起了薛涛，听说她在浣花溪的宅院前种满了枇杷花。

山枇杷

山枇杷，花似牡丹殷泼血。

往年乘传过青山，正值山花好时节。

压枝凝艳已全开，映叶香苞才半裂。

……

说向闲人人不听，曾向乐天时一说。

昨来谷口先相问，及到山前已消歇。

左降通州十日迟，又与幽花一年别。

六年前，他在东川初见她的如花好颜色，想起来依旧令人怦然心动。去岁她去江陵探望他，如今，他倒入川来了。也许是近情情怯吧，离她越近，他的脚步越沉重，近在成都的她，是他无法企及的梦。最终，他也只能止步于通州。

元稹一到通州便大病一场，据考证，他当时所患疾病可能为疟疾。

疟疾在唐朝的致死率非常高，多发于西南山区，且极易流传开来形成瘟疫。唐天宝十三载（754），玄宗曾派七万军队远征南诏，至太和城（今云南大理），士卒罹瘴疫及饿死十之七八。薛涛的父亲薛郧也是在出使南诏的时候于林区染上此病去世的。

在"人稀地僻医巫少，夏旱秋霖瘴疟多"的通州，这场病几乎要了元稹的命，他不得不拖着病体远赴山南东道兴元府（今陕西汉中）求医，终于活了下来。

病愈之后，元稹在山南东道节度使权德舆的关照下，续娶涪州刺史裴郧之女裴淑为妻。

裴淑，字柔之，有才思，工于诗，擅弹琴，是个才女。最重要的是她出身大名鼎鼎的河东裴氏，是个如假包换的名门闺秀。——这是薛涛永远也无法比肩的。

元稹对这个小娇妻十分宠爱，二人婚后琴瑟合鸣，十分恩爱，共同生育了三女一子。

谪居通州的几年里，妻子裴淑是元稹唯一的安慰。他在《酬乐天东南行诗一百韵并序》曰："通之人莫可与言诗者，唯妻淑在旁知状。"裴淑不但照料他和子女的衣食住行，陪伴他吟诗作赋，也是他在通州唯一可交流的读者。

在他寂寞唏嘘时，裴淑还会弹琴以娱夫君。

黄草峡听柔之琴二首

胡笳夜奏塞声寒，是我乡音听渐难。

料得小来辛苦学，又因知向峡中弹。

别鹤凄清觉露寒，离声渐咽命维难。

怜君伴我涪州宿，犹有心情彻夜弹。

对于妻子的温柔体贴，元稹十分感激，他一边听着琴音，一边怜惜妻子从小学琴的辛苦，又怜惜她一片痴心为了慰藉他不怕辛苦彻夜弹奏。

此后，不管是谪地相守，还是分居两地，夫妻俩都恩爱如初。

大和三年（829），元稹刚从浙江回到长安。他刚在前厅接旨完毕，便听到后院一片嘈杂，仆人报告说是夫人正在大哭。彼时，元稹已经五十一岁，裴淑刚刚为他生下一个儿子，弥补了他老来无子的遗憾。大和四年（830），元稹充武昌节度使需离开妻儿。想到骨肉团聚不久，便又要分隔天涯，裴淑终于忍不住大放悲声。

元稹一腔柔情，无奈皇命难违，遂作《赠柔之》安慰妻子：

穷冬到乡国，正岁别京华。

自恨风尘眼，常看远地花。

碧幢还照曜，红粉莫咨嗟。

嫁得浮云婿，相随即是家。

裴淑见字回赠了一首诗给丈夫，这首诗被收录于《全唐诗》中，裴淑也因此诗而留下才名。

答微之

侯门初拥节，御苑柳丝新。

不是悲殊命，唯愁别近亲。

黄莺迁古木，朱履从清尘。

想到千山外，沧江正暮春。

这个时候，他们已经结婚十五年了，一个温言宽慰，一个依依不舍，足见鹣鲽情深。

拥有了裴淑这样的理想妻子，元稹自然不作他想了，近在成都的薛涛也就再也没有了机会。

春望与春愁

元稹续娶裴淑的消息对于薛涛来说，就像是那扇通往幸福的大门被最终关上了，纵有百般不舍，她也只能将自己的爱恋从此深锁。上帝为她打开了那么多扇窗，作为交换，婚姻这扇门要被永久地关闭。

命定如此，那又有什么可说的。别的任何事物，她都可以尽自己所能去争取和追求，唯有爱情这件事情，却非得别人来成全不可。

东川的那个春天，注定将成为无法再复制的回忆，她只能年复一年，在春风里独自怅望，空自流连。

春望词

其一

花开不同赏，花落不同悲。

欲问相思处，花开花落时。

其二

揽草结同心，将以遗知音。

春愁正断绝，春鸟复哀吟。

其三

风花日将老，佳期犹渺渺。

不结同心人，空结同心草。

其四

那堪花满枝，翻作两相思。

玉箸垂朝镜，春风知不知。

春光四溅的日子里，百花争艳，这样热闹的盛景之中，诗人却只觉得无边清愁萦绕心间。

花开不能与君同赏，花落不能与君同悲，花事便都失去了意义。从此，不论是花开还是花落，都使诗人相思伤怀。将春日勃发的草籽结成一个同心，这种闺中游戏也是要与知音人同玩才有意思。望不见知音所在何处，只看到春愁正令人心碎欲绝，连春鸟的歌唱都变成了悲伤的哀吟。

虽则是融融春日，心中却觉得连同这花色都将要老去了，可是久盼的佳期却渺渺无信。同心草空结了许多个，同心人却不知在何方，怎一个愁字了得。花枝满树，都是诗人的相思，镜中如花的容颜日复一日地空老，无人相惜，只能悄悄向春风叹问一声"可知"？

花儿谢了还可以年年岁岁再开，可是青春却只有一茬，诗人的伤春实是伤己，伤那一段全情投入却无疾而终的感情。学者姜华在《女诗人薛涛》中认为她的诗词造诣在《春望词》的时候已经登峰造极，称此诗"质朴如白衣处女，婷婷独立，毫无俗态，表白其胸怀，荡荡然如一池春水"。诗词文章之所以能够动人，皆因读者触摸到了文中字句的脉动，与其产生了深切的共振。《春望词》四首之所以动人，是因为一向婉转含蓄的诗人在作此诗时完全敞开了心扉，啼血般发出了她内心深处绝望的愁音。

这春光处处，处处春光，在常人眼里代表着蓬勃的生命力，以及无边的希望，然而在被痛苦折磨的诗人眼里，一枝一叶、一花一木都在映照着她心底的哀愁。别人眼里的风光盛景，映照的是她刺骨的寂寞和失落。诗人在哀叹她的青春与爱情。对于那个时代的女人来说，遇见爱，遇见理解，都是极为稀罕的事情，一旦失去就很可能再也没法重来。薛涛极其重视精神世界的共鸣，她与元稹的这段旷世恋情，是她至为珍视的部分，就像她的青春一样。而今，这二者都不可追回，怎不叫人柔肠百折。王国维的"一切景语皆情语"，在《春望词》四首中被诠释得淋漓尽致。

流水的蜀帅，铁打的薛涛

元和十三年（818），检校户部尚书王播镇蜀。关于此人有一个流传甚广的故事"饭后钟"，记录于五代王定保的《唐摭言》中。

王播少年时孤贫无依，曾借住在扬州惠昭寺木兰院中，每日发奋苦读，与僧侣们一同吃斋度日。时间久了以后，僧侣们便对这个吃白食的少年心生厌恶，有一天，他们商量好了要给这孩子来一个恶作剧。寺院里的规矩是吃饭以敲钟为号，僧侣们为了捉弄王播，故意先去食堂把饭吃完了再敲钟，已经等得饥肠辘辘的王播听到钟声急忙跑去食堂却发现原来他们早就把饭吃完了。王播十分难堪，知道此地已容不得他，题诗"上堂已了各西东，惭愧阇黎饭后钟"之后愤然离开。

贞元十年（794），王播考中进士，同年又应制举贤良方正科，从此步入官场。历任监察御史、工部郎中、刑部侍郎、礼部尚书等职，后封淮南节度使，回到扬州就任。

故地重游的王大人来到当年乞食的惠昭寺，发现自己题在壁上的两句诗已经被人用碧纱珍而重之地保护起来了，不禁感叹世道炎凉，遂在诗后又续写了两句"二十年来尘扑面，如今始得碧纱笼"。

在王播仕宦之初，他以执法严明、不畏权贵、励精图治、振兴朝纲著称。很可惜的是，在政治斗争中站错队而导致遭到了政敌皇甫镈的排挤，这才被调离京师，充成都尹、剑南西川节度使。

王播镇蜀，照例是由薛涛接引招待。之后几乎每一任西川节度使镇蜀，都由薛涛充任此职，人道是"流水的节度使，铁打的薛涛"。

在历任节度使的面前，她"皆以诗受知"，王播镇蜀，她也少不得要献诗。

上王尚书

碧玉双幢白玉郎，初辞天帝下扶桑。

手持云篆题新榜，十万人家春日长。

这首诗描写了王播入蜀的盛况，对于这位闻名已久新任节度使大人，西川十万百姓都表达了欢迎和拥戴之情，场面极其热闹，王播的风度和威仪，获得西川百姓的好感。

另有一首《浣花亭陪川主王播相公暨僚同赋早菊》应当也是作于此时。

西陆行终令，东篱始再阳。

绿英初濯露，金蕊半含霜。

自有兼材用，那同众草芳。

献酬樽俎外，宁有惧豺狼。

菊花能够凌霜傲雪，还有药用价值，比寻常的花草更有风骨。薛涛此时以品性高洁的菊花来颂扬王播不畏权势的品质实是再适合不过了。很可惜的是，王播并没有将这一品质贯彻始终。

就镇西川时王播已经年近六旬，这次贬谪对他的打击很大。奋斗了一辈子的他向往权力中心，不甘心老死于西南边地，因此极力斡旋希望能早日回朝。

长庆元年（821），唐穆宗即位之后立刻贬逐了奸相皇甫镈。远在成都的王播听到死对头倒了台，顿时来了精神，"大修贡奉，且以赂结宦官，求为相"，很快如愿以偿地被召回朝廷担任宰相。从此以后，他的心中再也没有朝纲和百姓，一味盘剥苛敛，广求珍异贿赂宦官、献媚皇帝，深为百姓所恨，亦被士大夫们唾弃。

别后相思隔烟水

一朝天子一朝臣，唐穆宗的即位理所当然地带来了宣政殿的重新洗牌，很多人从此沉寂，也有很多人像王播一样终于等来了梦寐以求的春天。与薛涛最亲近的两个人，都在此时得到擢升。先是段文昌拜相，授中书侍郎、同中书门下平章事，在段文昌的举荐下，元稹授祠部郎中、知制诰，从此得宠于圣驾。

段文昌是武元衡的女婿，而武元衡对元稹等"永贞革新"成员素无好感，他为何要主动举荐元稹，其中或有一段深意。首先，段文昌与元稹在年轻时都曾受到过当时的宰相裴垍的赏识，又同与李吉甫交好，彼此之间算是颇有渊源。其二，元稹之发妻韦丛的庶母段氏与段文昌同是初唐名将段志玄的后人，这么算起来，二人还有点亲戚关系。其三，不得不说到二人共同的亲密好友薛涛。

段文昌入仕的起点便是西川节度使幕府，他入幕时薛涛尚是韦皋座下的乐伎，二人共同经历了韦皋之死并为刘辟所害，既是识于微时，又曾共赴患难，还有同仇之忾，交情不可谓不深。再加上武元衡对薛涛的恩情，也使得段文昌与薛涛的友谊更加牢不可破。元稹与薛涛的一段情更是世所皆知。

当他们在长安汇聚一处，自然不可避免地要聊起这个对他们至关重要的女人。

蓦然回首，元稹与她的相识已经是十二年前的事了，距离元和九年的那次见面也已经过去七年了。听说那只美丽而骄傲的蜀地孔雀，她始终独身一人，她应当还在思念着他吧。

此时的元稹，终于达到了他人生中的事业最高峰。唐穆宗对他十分器重，经常单独召见他，与他长谈国家大事。之后，他又被擢为中书舍人，翰林承旨学士，与已在翰林院的李德裕、李绅俱以学识才艺闻名，时称"三俊"。他苦候多年的"达则兼济天下"的时刻终于到来。

这一年，元稹已经四十三岁。一个四十三岁的男人的心，终于软了下来。也许是因为突然怀旧，也许是因为境遇好了有心情愧疚了，又或者是段文昌的提点，他觉得他至少应该要问候她一下，哪怕是作为朋友。

一提笔，他便想起了那年梓州的春日，她着一身飒爽的男装，俏生生地朝他盈盈一拜，自称"成都薛涛"，曾给他一个怎样的惊喜；

她的才华、她的机敏、她的温柔、她的睿智，像东川春天的花粉蜜香一样，曾经怎样地熏绕着他，为他酿造无与伦比的甘美爱情。而他，却一次一次地令她失望，他始终是负她太多。

寄赠薛涛

锦江滑腻峨眉秀，幻出文君与薛涛。
言语巧偷鹦鹉舌，文章分得凤凰毛。
纷纷词客多停笔，个个公侯欲梦刀。
别后相思隔烟水，菖蒲花发五云高。

一开始，他还小心翼翼地揣摩着她的心思。她是怎么想他呢？是带着笑或是很沉默？毕竟，她可不是个寻常女子，她是这个时代最杰出的女诗人。毕竟，他也是这个时代最杰出的"诗坛"盟主。他用了最盛大华丽的词句来赞美她，以锦江的灵动与峨眉的文秀来映衬她，将她与千古才女卓文君相比，却又不显得假大虚空，因为她的言辞机锋确实巧胜鹦鹉，她的文咏瑰丽也不输凤羽。赞美一个诗人，对于在文坛和官场摸爬滚打二十年的他来说是手到擒来，赞美一个女人，更是他此生最擅长的事情。这首诗里，他将两样绝世武功糅合得天衣无缝。

最后，他恢复了他的风流本色，开始把"相思"录入笔端——这才是他的看家本领。一个女人，不管她再美好再有才华，她最需要的不是情人的赞美，而是他的爱。于是，他十分"凑趣"地说：自从与你分别后，对你的思念如滔滔江水连绵不绝，如凄凄浓雾挥之不去，如你门前的菖蒲一般节节攀高直入云霄……

《莺莺传》与《遣悲怀》都是元稹一生中的不朽名作，而这首《寄赠薛涛》却不免失色许多。莺莺与韦丛都在他笔下得到了永生，他对她们的感情也因为这些作品而得以抒发，这些作品亦成为万世不朽的爱情标本。而薛涛之不朽，却不是因为这个男人，是因为她自己独有的人格魅力，说到底，她早已不是丝萝，而是一株自强独立的乔木。

洋洋洒洒地写毕，诗便寄去了成都。

思君令人老

没过多久，成都回信了，也是一首诗。

寄旧诗与元微之

诗篇调态人皆有，细腻风光我独知。

月下咏花怜暗淡，雨朝题柳为欹垂。

长教碧玉藏深处，总向红笺写自随。

老大不能收拾得，与君开似好男儿。

不知为何，每读此诗总觉其间带有醉意。作者一改平时的含蓄自谦，对于元稹的赞美，她全盘皆收。虽然她对于自己的才华素来有此自信，可是以她谨慎低调的性格，她是很少在人前流露出如此得意之态的。不过，她也实事求是地说，如今的她已经深居简出，写诗作赋不过是聊以自娱罢了，不像元君这样拥有入朝伴驾的风光。

诗中既有她一贯的温婉大气，似乎又带着些哀怨。也许，她真的是喝酒了。一个孤独太久的女子，收到昔日恋人的来信，心情跌宕，许多话要借点酒意才能说出来。事情过去这么多年，她好容易修得心如止水，为何此时又再"老夫聊发少年狂"写信来撩拨她？他难道不知道，与他分手之后的数年里她有多么难过。这个狠心又无情的人啊，他不过是仗着她爱他罢了。

元稹没来得及再回复她，便被卷入了轰轰烈烈的党争。

武元衡遇刺身亡后，唐宪宗起用了他的副手裴度为相，继续进行削藩。到唐穆宗继位后，削藩之战仍在进行，朝廷财竭力尽，元稹奏请穆宗罢兵，而同朝为相的裴度却继承了他的前上司武元衡的铁血政策，认为应当力战到底。

元稹与裴度年轻的时候曾经同为监察御史，同样以锐直敢言著称，曾经颇为惺惺相惜。但在削藩一事上，二人却势成水火。《资治通鉴》卷二四二载："元稹怨裴度，欲解其兵柄。"裴度也对元稹其人深恶痛绝，上疏称其勾结宦官"实蔽圣聪，实是奸邪，实作威福，伏望议事定刑，以谢天下"。（《全唐文》卷五三七）这场"两虎相争"以李逢吉的渔翁得利而告终，元稹、裴度二人同时罢相，裴度调任司空，兼山南东道节度使，元稹出同州刺史，后又改充越州刺史，兼浙东观察使，再度贬离长安。

薛涛病了，她一向自负精力充沛，此时却也只能无奈地承认岁月催人老。

她甚至不知道病从何起，也许只是因为操劳过度，也许是因为旧事萦怀自恼自伤。元稹的来信打破了她多年的沉静，搅起多年情伤，那些旧日陈渣原来一直静静潜在水底，一等风起便刮起满心伤痛。那个多年不见的男人，也一直静静地埋伏着在她心底，像个可恶的赖皮的兽。可是，她知道这怪不得别人，这是她亲自豢养的。她享受着它的咬噬所带来的痛苦，并从中得到一种不可理喻的快感。

她这一生，不会再有别人了。只有这个叫"元微之"的男人。

她平素赠诗他人一般都称呼对方职务，即使是她最好的朋友段文昌，她也恭恭敬敬地称"段相国"，这个时候的元稹已官居高位，已经不再是什么参军或者司马，职务写出来也不会丢他的人，可是她却单单称他"微之"。她对他，终究是不同的。即使他们之间的感情已经风化，可是，她永远不能把他等同于世上别的任何男人，他不是什么元大人，也不是什么元相国，他是她唤惯了的那个名字——微之。

她曾经在心里唤过多少次这个名字，终于听到他的回音，可是，他就像是远在宇宙另一端，短暂的回应过后，又匆匆地消失。他的来信，不过是一时心血来潮罢了，他们之间的故事早在数年以前就已经有了结果。她花费了那么多年才咽下这枚苦果，为此流了多少眼泪，可是那些眼泪又将它浇灌成一棵参天大树横亘在她的心里。

风吹影动，树叶婆娑，沙沙声响细听全是他的名字，微之，微之，微之……

他却像那路过的风、飞过的鸟一样，匆匆招呼，又匆匆远去，片刻也不曾停留。她想要与他叙叙旧，看看他今时的模样，亦是不能。他的来信像一阵大风，刮得心中大树摇曳不止，搅得她胸怀激荡，难以将息。她这才发现，他在她心中植根如此之深，随便一点风声便牵一发而动全身地痛。

酬杜舍人　薛涛

双鱼底事到侬家，扑手新诗片片霞。

唱到白蘋洲畔曲，芙蓉空老蜀江花。

第八章
自有兼材用
那同众芳草

生平知己最忆君

在薛涛缠绵病榻的时候，又一任西川节度使上任了，这回不是别人，正是她相识二十年的老友段文昌。

这是段文昌第二次入蜀。俗话说三十年河东，三十年河西，他初次入蜀时尚是一介白衣，无功无名，得到韦皋赏识后被授为幕府校书郎，从此走入仕途。因被刘辟这个奸贼所害，他在西川无所建树，最终不得不另谋出路。直至李吉甫拜相，他才得以一展所长，从登封尉、集贤校理开始一步步往上爬，历任监察御史、左补阙、祠部员外郎。宪宗皇帝对他的才华也颇为赏识，早就想让他入翰林，却又遭到后来的宰相韦贯之的阻挠，一直等到韦贯之罢相，他方才打破这个瓶颈，入了翰林学士，并升任祠部郎中，从此进入大唐王朝的权力中心。

此时的段文昌已官至宰相，当他重回西川，回想当年往事，不由得感慨万千。当年他初入幕府，恰逢南越国向韦皋敬献孔雀，躬逢其盛，深为震撼。那时候的他多想有朝一日能拥有像当时的韦令公那样的权柄风光，没想到今日他也能以西川节度使的身份入主幕府，坐上昔年韦令公的位子。韦公当年有孔雀，还有薛涛，如今孔雀与薛涛俱在，幕府的男主人已换成了他段文昌，想到这里，不禁豪情万丈。同时，因为想起了薛涛，他的心中也顿生柔情。

在当年的韦皋幕府中，薛涛的风头无人可敌，她的美丽典雅，她的慧黠机敏，她的洒脱睿智，无一不在他心中烙下了深刻的印记。他已记不清曾经多少次与她酒后赋诗或者花前对弈，在那漫长的郁不得志的青春岁月里，那是他最美好的快乐的记忆。只可惜，当年的他寂寂无闻，无权无势，两度看着她落入绝境，被罚赴松州，却只能束手无策眼睁睁看着她遭难。他至今还记得自己离开成都时她为他写的那首送别诗，"谁言千里自今夕？离梦杳如关塞长"。她对他的情意，是他人生中不可轻易示人的珍宝。

时光荏苒，如今他终于拥有了权力和地位，而当年那个委委屈屈被罚边的小姑娘也已经今非昔比啦，她已经变成一个自立自强的"西川大姐大"。他一到成都便召集故人来武担寺共游兼叙旧，当然，他心中最想见的还是薛涛。在成都，简直是"无'涛'不成宴"呐。很可惜，这一次薛涛并没有赴宴。她只命人送来一首诗。

段相国游武担寺，病不能从题寄

消瘦翻堪见令公，落花无那恨东风。

侬心犹道青春在，羞看飞蓬石镜中。

这一年，薛涛已四十一岁。在这位少年好友面前，她罕见地露出了憨的一面。新任川主召令游寺，这种最应该有她参加的重要活动她却大胆推却了。这一次她不需要去顾虑上司是否会因此而责怪她，只需要送去一首小诗，他自然会体谅的。因为，他是她最好的朋友啊。

此时距离他们年轻时在韦皋幕府中初见已经过去二十二年的时光了，距离他离蜀也有十四年了。多年不见，你一定以为"我"还是当初绮年玉貌的样子吧，其实已经不是了，尤其是在形神俱瘦的病中，连"我"自己独自对镜都有几分自惭呢，还是等来日康健了再见吧。

段文昌当然只有莞尔一笑了。当年韦皋幕府中高傲动人的孔雀，竟然也有这等怯场的时刻。他成了新任川主，她在他面前，不必有任何的委屈和勉强，他自会护她周全，给她更大的自由，多年好友，他也只能为她做到这些了。

她的友人圈子里绝大多数都是段文昌这样的官员才子，最为投缘的却也只有段文昌。他为人豁达豪爽，不拘小节，最讲义气，同时他也是当年韦皋幕府中最有才华的校书郎。薛涛的性格虽然端庄持重，她也有疏朗爽阔男子气的一面，为免遭非议，她一向都把那一面藏起来秘不示人，只有在段文昌面前，她才会放任自己谈笑自如，不必有任何避忌。段文昌一生游宦各地知交四处，却只有薛涛令他最有知己之感。他们彼此欣赏对方的才华和性情，共同进退，荣辱与共，却又没有任何竞争关系，兼之异性相吸，可以说是一对天造地设的知己好友。

　　由于段文昌曾在西川生活多年，对于蜀地民情颇为熟稔，他到任后治政宽仁同时法纪严明，深受西川百姓和周边蛮夷敬服。在历任川主中，算是十分有作为的一位。长庆二年（822），曾有云南蛮族企图侵入黔中。朝廷接到黔中观察使崔元略的奏疏，非常担忧，诏命段文昌严加防备。段文昌派使者前往谈判，十分顺利地使蛮族退兵而去，证明了他治蜀手段之有力，以及在周边少数民族之中的影响力。

　　蜀中百姓平安，蜀地长官自然喜乐，薛涛自然也就惬意。段文昌镇蜀的这三年，于二人来说都像是一段美妙的假期一般。

　　从另一首给段文昌之子段成式的赠诗中，更能看出她与段文昌之间超乎寻常的友谊。

赠段校书

公子翻翻说校书，玉弓金勒紫绡裾。

玄成莫便骄名誉，文采风流定不如。

　　段成式是段文昌的儿子，也是史上著名的才子，《全唐诗》中收录了他的诗歌三十余首、文章十余篇。不过在他少年时代更喜欢纵马打猎，并没有展露出过人的才华。连段文昌最初也只以为这个儿子就是个醉心玩乐的公子哥儿，偶然有一次他看到儿子赠送猎物给朋友时附赠的诗歌，才发现此子原来满腹才华。只不过，段成式的主要成就并不在诗歌方面，他是个著名的"杂学家"，因为从小跟着父亲游宦各地，见识广博，长大以后他把这些素材都收集起来，写成了一本十分精彩的小说集，名为《酉阳杂俎》。这部书内容繁杂，有自然现象、文籍典故、社会民情、地产资源、草木虫鱼、方术医药、佛家故事、中外文化、物产交流等，可以说五花八门，包罗万象，具有很高的史料价值。清代纪昀等人编写的《四库全书总目纲要》评价这部书："故论者虽病其浮夸，而不能不相征引，自唐以来，推为小说之翘楚。"鲁迅先生也曾对这部书做出过高度评价。

在彼时，薛涛大概看出了段文昌对儿子前程的隐忧，因此在这首诗中勉励劝诫段成式要见贤思齐、发奋上进，俨然长者口吻，就像是在教育自家的子侄。她一生无儿无女，最好朋友的孩子便如同她自己的孩儿一般了。她能在段成式面前以这种居高临下的口吻说话，也证明段成式一向拿她当成自家的长辈，对她颇为敬重。否则，以她明哲保身的个性，是不会自讨没趣去教育蜀帅公子的。

的确，在此时的成都，还会有谁人不买薛涛的账呢？诚如张蓬舟先生所说："历届蜀镇欲悉前人治蜀筹边故事，以涛为可咨询之人。"她久在幕府，整个西川的政治、经济、军事、文化、风物、人情，就属她门儿清，她就是一本活生生的"治蜀百科全书"。

此时的薛涛在大唐的影响力已经远远不只是一个女诗人，也不止是幕府中的普通女校书。《宣和书谱》和《全唐诗》附传中皆称她"有林下风致"，这是一个相当高的评价，中国古代少有女子可被称为"名士"，而薛涛便是那凤毛麟角的、可与男子比肩的"女名士"。从她与好友同僚们唱和的诗作来看，她早已经成功地跻身士大夫阶层，成为他们所认可和推崇的一员。

诗家利器驰声久

赠苏十三中丞

洛阳陌上埋轮气，欲逐秋空击隼飞。

今日芝泥检征诏，别须台外振霜威。

"中丞"即御史中丞，主要负责"纠察百僚"，是政府对内的监督机构。御史中丞是一个非常重要的官职，既然要负责"纠察百僚"，自身素质必然要过硬才能服人。据《新唐书·宰相表》统计，唐代由御史中丞直接升任宰相者共有十一例。这位苏十三中丞不知具体名讳，但却是一位深受薛涛敬仰和赞赏的有为官吏。

"洛阳埋轮"指的是东汉时期的一个典故。汉顺帝时期，皇帝诏遣了八位"钦差大臣"行巡天下，罚惩奸佞，奖掖清忠。但是当时最大的奸臣并不在民间，而是权倾朝野的外戚梁冀，八位"钦差"中的七位都是天下闻名的宿儒，他们都欣然领旨离开京城下乡去考察了，唯有最年轻的张纲叹道："豺狼当道，安问狐狸？"毅然将车轮埋于都亭，回洛阳起草了弹劾梁冀的奏章，使京师震竦，百官惴惴。

苏十三中丞的角色与张纲类似，在工作中他一向正直敢言、不畏权贵，因此薛涛巧妙地以"洛阳埋轮"的典故来赞美他的正直，并且祝愿他今后如同勇猛的鹰隼一样搏击长空，毫不留情地对贪官污吏痛下狠手。朝廷来了红头文件召苏十三回朝，很可能是将有更重要的任命，于是薛涛再次勉励他不负万民所望，即使离开了御史台的工作岗位，也要继续秉持正义。

从诗中可以看出，薛涛非常关心民生，痛恨贪官污吏，对于苏十三这种正直有为的官员十分拥护和景仰。虽然她生为女人，不能像这位御史中丞一样去肃理朝纲，但是她的字里行间充满了为民做主的英侠之气，完全超脱于寻常女子的气度格局。她的这种硬朗气质无疑是与苏十三十分投契的，因此才有了一段惺惺相惜的友情，以及这一首豪情万丈的送行诗。

酬祝十三秀才

浩思蓝山玉彩寒，冰囊敲碎楚金盘。

诗家利器驰声久，何用春闱榜下看。

这是一首酬和之作，从诗中内容分析，大概是这位秀才哥哥春试落榜了，写了一首诗给薛涛倾诉落第之后的郁闷之情，于是，薛涛便回赠了这么一首诗作来安慰这个失意才子。

唐代的会试科考三年一次，一般安排在农历的二月，因此又称"春试"或者"春闱"。祝十三显然已经通过了乡试，有了"秀才"之名，并且颇有才华，可是不幸在会试的时候被刷了下来，因此心中颇为失意。他与薛涛应当相识已久，又对她十分信任，甚至有点依赖，自古文人相轻，又男尊女卑，若非相知至深，他不会作诗向这位女性友人敞露自己脆弱的一面。男人们一向乐于在女人面前展示自己强硬和得意的一面，考试失利这种事情拿来向一个女人寻求安慰，可见二人的友情深厚，已经可以超越狭隘的性别障碍。

从这种回诗的语气来看，薛涛像个小姐姐一样极力照顾着祝十三的情绪。她十分高调地用"蓝山玉彩"和"冰碎金盘"的璀璨光华来形容他的耀眼才华，继而肯定他早已经诗名远扬，不需要再凭借春试来证明自己。春试上榜当然最佳，若是榜上无名也丝毫不影响他在时人心中的地位。薛涛当时成名已久，又品格端方，人所共知，她的褒奖与肯定是十分有分量的，对于祝十三这样一个正在怀疑自己能力的年轻人来说，这是最有效的安慰。

薛涛称祝秀才为"诗家利器"，可见他以诗风锐猛著称，个性可能也有些清高自傲，因此，春试落榜这种事情才会令他备受打击。薛涛却温柔而坚定地告诉他：不用怀疑你自己，拿出你从前的自信姿态来，你依旧是你！不得不说，能遇到薛涛这样善解人意而又体贴周到的知交好友真乃平生幸事。她绝不会因为你初出茅庐就轻你一等。这位祝秀才可能只是一个在小圈子里崭露头角的年轻人，薛涛一样给予款款安慰，耐心劝解，甚至可以说是刻意提携。祝十三秀才在别的史书典籍中再无影踪，因为他的知交好友薛涛这一支友爱之笔，他才得以留名至今，友谊之功也。

花落梧桐凤别凰

和郭员外题万里桥

万里桥头独越吟，知凭文字写愁心。

细侯风韵兼前事，不止为舟也作霖。

"万里桥"位于成都西南，得名于三国时期费祎使吴之前的一声叹息，"万里之路，始于此桥"。蜀人远行，常在此桥饯行。"越吟"语出《史记》卷七十《张仪列传》，战国时越人庄舄在楚国做了大官，虽富贵不忘故国，病中吟越歌以寄乡思，后人便以"越吟"代指"思国怀乡"。从诗意来看，这位郭员外乃是客居成都，并非蜀中人士，他写了一首《题万里桥》的思乡之诗给薛涛，薛涛所以写此诗相和。

从王建的"万里桥边女校书，琵琶花里闭门居"来看，薛涛正是住在此处，郭员外又在此怀乡，很可能他们是同住万里桥的邻居，彼此间十分熟悉。

在诗的前两句，薛涛对郭员外的思乡之情表示了理解，那么，知道了他的孤独和愁绪之后主要任务还是开解对方啊。薛涛自己也曾写过思乡的诗句，不过，她的思乡是"何日片帆离锦浦，棹声齐唱发中流"的豪迈，绝不会一味沉醉在那点小忧伤里。为了安慰友人，薛涛巧妙地找到了一个切入点，既然你跟我说家乡事，那么，我就从你的家乡人说开去。

"细侯"指的是东汉时的郭伋，这是郭氏一门的骄傲。此人曾任渔阳太守、颍川太守等，因关心民众疾苦，政绩卓越，有口皆碑，每到一处都大受百姓欢迎。这个郭伋还特别有爱心，他有一次到某地去，当地的儿童们纷纷骑着竹马来欢迎他，等他办完事走的时候，孩子们又送他出城，并问他："使君哪一天回来呢？"郭伋认真地算好日子以后，把日期告诉了孩子们。当他顺利办完事情回来的时候却发现比原先预定的日期提前了一天，他觉得不能失信于孩子们，于是便在城外等了一天，到了跟孩子们约定的那日方才入城。刘禹锡的《奉送浙西李仆射相公赴镇》诗中便写道："郡人重得黄丞相，童子争迎郭细侯。"将郭细侯与西汉著名的三朝宰相黄霸并列。

"不止为舟也作霖"典出《尚书·商书·说命上》，乃是商王武丁寄语他的宰相傅说："朝夕纳海，以辅台德。若金，用汝作砺，若济巨川，用汝作舟楫，若岁大旱，用汝作霖雨。"傅说辅佐商王

149

建立了史上有名的辉煌盛世"武丁中兴"，后世便以"为舟作霖"来比喻济世能臣。

薛涛以郭细侯为线索，不动声色地将郭员外的思乡之情引到了家国情怀上。她赞美郭氏家族先贤的光辉，勉励郭员外要效仿先贤，直追细侯，做一个"为舟作霖"的济世能臣。

诗人以她细腻而婉转的文笔慰藉了友人的离乡之愁，同时她又觉得，如果只是一味沉溺于此未免有点狭隘，既已外放至此，上策当然是过好当下的每一天，站好当下的每一班岗。于是，她笔锋一转，从友人的先贤谈起，追叙了郭氏家族的贤能家风，为思乡的郭员外指明了一条解决之道。与其沉溺在对家乡的怀想中，不如奋发努力，像郭细侯那样，以自己的才干"为舟作霖"造福百姓，光耀郭家的门楣。如此这般，即使身不在家乡，家乡人也会铭记你的名字与功德，这才是报效家乡最好的方式。

别李郎中

花落梧桐凤别凰，想登秦岭更凄凉。

安仁纵有诗将赋，一半音词杂悼亡。

李郎中名为李程，陇西人氏，文采了得，贞元年间进士擢第，元和中入蜀，为剑南西川节度行军司马。元和十年，被诏还朝为兵部郎中，寻知制诰。这首《别李郎中》便写于李程回朝任兵部郎中、薛涛为其送行之时。

李程入京升官，这是一件令人振奋的喜事，可是这首送别诗却没有一丝雀跃之情，作者一反常态，没有勉励友人展翅高飞、鹏程万里，反而萦绕着浓浓的哀伤，诗中反复使用了"花落""凄凉""悼亡"这种令人沉痛的字眼，因为李程正处于爱妻新丧的哀痛之中。

此时的李程已经五十一岁，在步入老年的人生关口永远地失去了相伴多年的爱侣，比起这种天人永隔的决绝，仕途的起复已经不再那么重要了。薛涛作为他的知己好友，感同身受地体会着友人痛失爱侣的凄惶。

不提升官的另外一个原因可能也是因为薛涛熟知这位友人重感情轻名利的性子，史载李程虽然才华过人，却是个大懒人。唐人李肇的《翰林志》里记载了李程的一则故事：古代没有钟表，上下班时间也就不那么严格，当时的翰林学士们上班一般以日影为候，冬天的时候，当太阳晒到阶前第五块砖时大家便要打卡上班，而李程这个家伙，却每天日过八砖才到，因此大家都称他为"八砖学士"。陆游作有一首《晚起》诗用过这个典故，"欠伸看起东窗日，也似金銮过八砖"。

从薛涛现存的诗作来看，她经常在诗中劝人上进，一方面是因为她本身是一个努力不懈的人，她深知保持这种劲头对于人的状态有多么重要。此外，她的身边都是些官员士子，这帮人若能有所作为当属万民之福，所以，她自觉地责无旁贷地扛起了这个责任。但是，她的眼里也并非只有仕途经济，她是一个充满同理心的感情充沛的女子，从这首《别李郎中》便可见一斑。

花与树，凤与凰，都是男女相爱的象征，而此刻，花已落，凤也别了凰，意喻着一对夫妻之间的生离死别。友人不但与相伴多年的妻子天人永隔，还将孤身踏上回京的漫漫旅途，想到这一路上鸳鸯失伴的孤单，怎不叫人感伤。当他独自登上秦岭，回首眺望与妻共度的恩爱时光，心中一定十分凄凉。潘岳所写的"私怀谁克从？淹留亦何益？俛俯恭朝命，回心反初役"，完全就是李程此时的心情啊。"你已经抛下我去了九泉之下，我又在此时接到了朝廷的任命，我的心里好矛盾，真想留在这里啊，但是你已经不在了，留在这里又有什么用呢？我只能勉强遵从朝廷之命，返回原来任职的地方。"纵然"潘才如江"，写下那么多流传千古的诗篇，而其中最动人肺腑的左不过那些悼亡的诗词了。

薛涛的心思是那么玲珑机巧，又能够真心实意地站在友人的位置去思其所想，独自回京的李程怀揣着这样一篇字字体贴的送别诗上路，那凄冷彷徨的心中一定会觉得安慰吧。

伯牙弦绝已无声

送姚员外

万条江柳早秋枝，袅地翻风色未衰。

欲折尔来将赠别，莫教烟月两乡悲。

时节已是早秋，江边千万条的柳枝都在大风中翻飞，它们虽然已经不如初春那么鲜翠欲滴，其袅娜的风姿却依旧不减。诗人与朋友即将告别，她想折一柳枝赠予友人以表不舍，可是因为不想道别的时刻早早来临却又迟迟未折，想到从此便要两地相隔，心中的离愁已经铺天盖地。

折柳相送是自古以来的送别习俗，也是古诗词中最常见的意象，私以为，也是中国古典文化之中最为浪漫蕴藉的一个片断。

柳枝细柔，其细长的叶片组在一起又如一只只柔黄小手，牵牵绊绊，依依不舍，像在凄凄恳求着呼喊离人不要走。"柳"字又与"留"字同音，折柳赠别用来表达友人之间的难舍之情再合适不过了。清朝褚人获在《坚瓠集》卷四中提出了另一层意思："送行之人岂无他枝可折而必于柳者，非谓津亭所便，亦以人之去乡，正如木之离土，望其随处皆安，一如柳之随地可活，为之祝愿耳。"小小一枝折柳，包含了中国人几千年的美好情怀，不必道相思，不须说想念，弱柳一枝相赠，一切尽在其中。

人们最早用柳树来表达不舍之情，是在《诗经》之中："昔我往矣，杨柳依依；今我来思，雨雪霏霏。"此后，历朝历代的文人墨客们便纷纷折起柳来，比如李白的《春夜洛城闻笛》"此夜曲中闻折柳，何人不起故园情"，白居易的《青门柳》"为近都门多送别，长条折尽减春风"，王翰的《凉州词二首》"夜听胡笳折杨柳，教人意气忆长安"，张籍的《蓟北旅思》"客亭门外柳，折尽向南枝"。

薛涛的这首送别诗中写了万条柳枝在风中起舞的景象，就像诗人心中万千离愁，她想从中折下一枝来，可是又恐打破了什么。柳一折，便意味着友人要马上远去，她想把那一时刻再延迟一些。因此，走过了江边万柳，却未折一枝。柳虽未折，离愁却已经呼之欲出，像一滴浑圆的美人泪，噙在眼角欲滴未滴，愈加教人怜惜。

这位姚员外的具体身份已不可考，从诗意来看，他与薛涛之间感情甚是笃深，这一次的离别对于他们来说十分重要。诗人的深情婉转在字里行间游走，虽未磅礴而出，却已气象万千。

寄张元夫

前溪独立后溪行，鹭识朱衣自不惊。
借问人间愁寂意，伯牙弦绝已无声。

人前的薛涛无疑是风光无限的，她的生活自由而富足，拥有许多人终生不可企及的名望和财富，她一身的诗意与才华，身边围满了才俊高官，似乎生活在永不散场的热闹中。可是在《寄张元夫》这首诗中，她却用冷峻凄清的笔调描述了自己不为人知的独处生活。

她所住的浣花溪风景优美，闲暇时她常常独自在溪边散步，时而独立溪边沉思，时而缓步慢行，栖居溪边的水鸟都习惯了她沉默不言独步溪畔的样子，见她来了也不惊走，仿佛把她当成了它们的一员。她身着热烈醒目的红衫，心中却寂如霜雪。她常常在心中向苍天发出喟叹，子期已逝，伯牙弦绝，世上不再有高山流水之音。

世人只道她知交遍天下，却不知她的内心世界如此孤独。今人已无法考证出此诗写于哪一年月，不知道她因何而发出这种悲鸣，她是在向天哀悼武元衡的逝去，还是感慨元稹晚年的变节？抑或是因为某一位至交好友的离开而伤怀？或者，是对终身无托的无奈感慨？我们可以确定的是，虽然她有许多好朋友，他们可以装点她的生活，陪伴她吟诗作赋，但是她的内心深处始终有着无人能够抵达的孤独角落，她像伯牙期待子期一样期待着有人能真正懂她，但是她又悲观地断定，这世上不会再有这么一个人了。伯牙至少拥有过子期这么一个旷世知音，那么薛涛的子期又是谁？

还有一点非常奇怪的是，薛涛为人处事谦卑恭顺，总是以人为先，在这首名为《寄张元夫》的诗中，全诗都是她在剖白自己，根本没有提到关于张元夫的半点事迹，既没有描写她与张元夫的交情，也没有什么赠言给他，更像是张元夫问了她一件什么事情，她以此诗作答，向他表明自己的心迹。虽然诗中也没有提到任何具体的事由，但是她的回答显而易见是消极的、悲观的。这不由令人十分好奇，这背后到底隐藏着什么样的故事呢？

关于这个张元夫，我们可以查到的唯一资料便是元稹的《贻蜀五首·张校书元夫》，元稹在诗中道明了张元夫的身份乃是西川节度使幕府中的一名校书。非常奇怪的是元稹其实并未见过张元夫其人，却写了一首热情洋溢的诗给他，把他一顿猛夸，说他"风姿玉不如"，一边又以一种过来人的语气劝诫他为人处事要谨慎，不要操之过急，要徐徐图之，还特意强调："我劝你的这番言语实是爱君至深，可千万不要当作耳旁风哦。"

元稹虽与张元夫素未谋面，但是他们之间是有过来往的，或者是书信，或者是有人传话，很可能是张元夫想要谋求一事，寄信或是遣人去向元稹请教。于是，元稹便给他回了这么一首诗，大概告诉他："小伙子，你的基础还是不错的，我很看好你哦，但是你要切记我的金玉良言，千万不可逞强冒进，要谨慎筹划，缓慢推进。"

笔者发挥了强大的八卦精神，斗胆推测一下，张元夫主动联系元稹可能是与薛涛有关。一种可能是他不忍心看着好友薛涛孤鸾一世，因此主动找到元稹，想要帮忙说合两人的婚事。另一种可能是他爱慕薛涛，因此向元稹求教，怎样才能把她追到手。从元稹的回答来看，他对此事是乐见其成的。

不管张元夫所图何事，薛涛在这首诗里十分坚决地回答了他：吾心已死，绝无可能。

当然，最有可能的是笔者在瞎揣测，他们之间什么隐情都没有。只因为张元夫与薛涛是多年同事兼好友的关系，日常接触颇多，所以，一向以"解语花"著称的薛涛，在做够了为朋友们开导心事的工作之后，独独把自己脆弱失落的这一面展示给了张元夫这个挚友。或者，另一个可能就是薛涛在作这首诗时张元夫已经去世，所以这是一首怀念之作，她所怀念的"子期"正是已过世的张元夫校书。至于其中的内情到底如何，只有待将来有更多史料以后才能真相大白了。

感君识我枕流意

酬雍秀才贻巴峡图

千叠云峰万顷湖，白波分去绕荆吴。

感君识我枕流意，重示瞿塘峡口图。

雍秀才，名雍陶，成都人，大和八年（834）进士，曾出任简州刺史，世称"雍简州"。薛涛写这首诗时称之为"雍秀才"，时间应当是在他进士及第之前。

瞿塘峡位于今重庆奉节，"锁全川之水，扼巴蜀咽喉"，以雄险著称。雍陶送给薛涛的这幅巴峡图应当是一幅雄浑壮阔的全景图，从薛涛的描述来看，画中有极高处的云与峰，还有峡中的万顷江水，还可以远远看到江水分波下荆吴的场景。他送这幅图给薛涛的用意也十分清楚，因为他素知薛涛有隐居山野之意，所以用如此壮丽的山水图景来相慰。

"枕流"指隐居生活。《世说新语·排调》中有云："所以枕流，欲洗其耳；所以漱石，欲砺其齿。"

这首诗里的薛涛隐隐有种疲惫和无奈之感，迎来送往的交际已经让她疲于应付。永远精致的妆容，华丽耀眼的衣饰，觥筹交错、推杯换盏间真心假意的应酬话，她都已经腻了，甚至连诗词酬唱、争光斗艳也已经叫她难以提起兴趣了。可是，她的名气实在是太大了，人人都想结识这位奇女子，以一睹芳容或者求得一字一诗为荣，其实退居山林、过简洁清静的归隐生活才是她真正的心愿。

普通人想要退隐山林只需要考虑经济能力是否雄厚，毕竟，除了农夫，别的人进了山以后肩不能挑、手不能扛，上有老下有小的话就只有死路一条。陶渊明的隐居生活虽然有"采菊东篱下，悠然见南山"的陶然，也有"晨兴理荒秽，戴月荷锄归"的辛劳，最糟糕的是"草盛豆苗稀"，到了秋收的时候，要是只收了个三五斗，哪里够孩子们吃的。

薛涛这个富婆在银钱上是不用愁的，也没有老人孩子要养，她需要考虑的是另外的问题。在普遍依赖家族宗亲生存的封建社会里，薛涛这样的孤身女子只能依靠她背后的幕府势力和社会上的朋友们来保护自己，一旦脱离这个环境，在动乱频发的时代，她若独居于山野，她的财富和美貌都将为她带来灾祸。

史载雍陶个性狷介、恃才傲物，平素对自己的亲戚都不怎么搭理，连亲舅舅落第都不去安慰一下，可是他对薛涛却十分关心，还十分了解她的内心活动，因此赠图给她以示安慰。她也回诗以赠，感谢知音的体贴之举。无父无兄、无夫无子的她想要归隐的梦想只能够暗藏心底，唯有让眼睛在那美丽图画上的青山绿水间遨游以解心中遗憾了。

春效游眺寄孙处士二首

低头久立向蔷薇，爱似零陵香惹衣。

何事碧鸡孙处士，伯劳东去燕西飞。

今朝纵目玩芳菲，夹缬笼裙绣地衣。

满袖满头兼手把，教人识是看花归。

处士，指有德才而隐居不愿做官的人。在凡人之中，这种人可以算是超然物外的散仙了。有德有才，必然是饱满诗书才华横溢之士，不愿做官则表示他们生活优渥不求富贵，也不期待外界的认可。他们拥有自己想要拥有的一切，对于人们普遍追求的荣华富贵视若粪土，可称是精神物质双料贵族。

从诗作来看，这位孙处士也是薛涛的一位密友，从字里行间透出的活泼气氛来看，他们的关系非常融洽，甚至已经超越了性别障碍。薛涛的赠和诗作一般十分讲究端庄凝重，展现二者的情谊之余往往还有一些礼节与疏离，唯有这一首诗作中，诗人完全释放了她的活泼天性，恣意地流露着她难得一见的童心，丝毫不见礼教之防的影响。此外，在薛涛与异性的和诗中，主题一般是家国大业或者赞扬对方的过人才华，将春游采花这种闺阁情趣拿来与一位男士分享，对于薛涛来说，似乎是一件十分罕有的事情。因此，初读此诗，我竟误以为这位孙处士是作者的闺中密友，因为此诗毫无薛涛笔下惯有的沉稳大气和家国情怀，而是在描写春游玩乐这种小事，并且细致到作者把自己弄得一身都是花的娇憨之态。

"何事碧鸡孙处士，伯劳东去燕西飞"，显示她跟孙处士因为种种原因此时并不在一处，然而，友人虽然与自己分隔两地，却未见她倾诉忧愁与思念，而是带着些娇嗔"可惜孙处士你啊此时不在这里"，然后便像个兴奋的小女孩一样喋喋不休地略带炫耀地向好友汇报着成都的大好春光。也许只是春游的这一时节孙处士暂时离开成都，他们很快就会重聚，所以谈不上什么离愁和思念。

与《春望词》四首相比，明显可见这个春日里薛涛的心情十分之愉悦。

"零陵香"是一种有名的植物香料，又名薰草，香气清新，并且能够有效地放松人的精神和肌肉。诗人贪看蔷薇，独自伫立良久，直到那花香像她最爱的零陵香一样染透了衣服。虽然在这样满目芳菲的美好春日，她的好友孙处士没能在身边同赏，可是这锦绣大地就像是一件绣满了鲜花的裙子一样，这么美丽的春光她是一定要与朋友共享的。诗的最末两句十分难得地表现了诗人的一颗童心。"今朝纵目玩芳菲"，表示她玩得相当之愉快，并且还意犹未尽地摘了许多花儿回家，花朵笼满了衣袖，头上也戴满了，手上也拿满了，叫人一看就是刚刚春游看花归来。

我们可以脑补出来女诗人春游归来头上、手上、袖中都是花朵的样子，活脱脱一个花仙子，这样一副天真烂漫的形象是薛涛一生之中十分少有的，她若揽镜自照一定也会忍俊不禁。高兴之余她还将这番情景写进诗中寄给不能一同赏花的孙处士，俨然在向好友显摆：你看，那天你不曾参与，我们玩得多么开心，后悔了吧。就像今天的小女生们在外面看到了十分漂亮的风景或者吃到了很美味的食物，就要发上一条朋友圈向未能一起出行的好朋友喊话："你看，你不来损失大了吧！"

芙蓉空老蜀江花

和刘宾客玉蕣

琼枝玓珠露珊珊，欲折如披云彩寒。

闲拂朱房何所似，缘山偏映日轮残。

刘宾客指的是著名诗人刘禹锡，因其晚年曾任太子宾客，故名，并有《刘宾客集》传世。不过这首诗的标题应是后人所改，因为在开成元年（836）刘禹锡任太子宾客时，薛涛已经去世。同理，《和棠梨花和李太尉》的诗题一样也是后人所拟，李德裕在唐武宗时拜太尉，下文中的《酬杜舍人》亦是此理，杜牧大中六年（852）方任中书舍人，彼时薛涛早已不在人间。

刘禹锡也是个少年天才，早早便成名，二十出头与柳宗元同榜进士及第，同年登博学鸿词科，两年后再登吏部取士科。

永贞元年，唐顺宗即皇帝位后，原太子侍读王叔文、王伾掌权，开始了轰轰烈烈的"永贞革新"，刘禹锡得到了重用。他和好友柳宗元都是这个集团的核心成员，他们维护统一，主张加强中央集权，反对藩镇割据，反对宦官专权，并积极推行革新，采取了一系列的改革措施。自古以来，人类社会的每次改革都会因为触犯某些人的利益而遭遇强烈狙击，这一次"永贞革新"也不例外。他们只坚持了短短几个月便宣告失败了，"二王八司马"全都被贬官，连皇帝唐顺宗也被撤了职，改由太子即位。

刘禹锡的好年景比元稹心心念念的"长庆年"还要短暂，唐顺宗仅仅在位半年便被迫禅位，从唐宪宗即位起刘禹锡就一直被贬，直至宝历二年（826）被调回、大和元年（827）方才抵达洛阳，任职于东都尚书省，贬谪生涯总共持续了二十三年。白居易曾经写诗为他鸣不平——举眼风光长寂寞，满朝官职独蹉跎。亦知合被才名折，二十三年折太多。刘禹锡也自嘲道："巴山楚水凄凉地，二十三年弃置身。"薛涛的这首《和刘宾客玉蕊》应当写于刘禹锡被贬四川期间。

玉蕊指的是木槿花，这种花开于夏季，花时极短，早开晚落，古人取其一瞬之荣华，因此以"蕣"名之。玉蕣花期虽短，却容色颜丽，还有食用和药用价值。此花就像刘禹锡的政治生命，虽然只在顺宗朝短期绽放，却大放异彩。"永贞革新"是一次对唐朝社会有着正面和积极意义的改革，虽然很快就失败了，但是不能否认刘禹锡等人的才干。

玉蕣虽然朝开暮落，但是花苞十分繁盛，一朵花凋落后，会有源源不断的花苞顽强地相继开放，因此，也有"无穷花"之称。刘禹锡本人也正如此花一样，并未因多年贬谪生涯而灰心丧气，他始终坚守气节，不与那些只知自利的权贵们沆瀣一气。元和十年，刘禹锡曾经与柳宗元一起奉诏回京，写下了一首《元和十年自朗州至京戏赠看花诸君子》来讽刺权贵："紫陌红尘拂面来，无人不道看花回。玄都观里桃千树，尽是刘郎去后栽。"此诗让那些靠攀龙附凤上位的新贵们气得直跳脚，于是，刘禹锡再度被贬为连州刺史。十四年后，刘禹锡回到长安城，这位打不死的"小强"又去了玄都观，看到玄都观中荡然无一树，便写了一首气焰更嚣张的《再游玄都观》："百亩中庭半是苔，桃花净尽菜花开。种桃道士归何处？前度刘郎今又来。"他坚毅乐观、不畏强权的斗士精神一直坚持到老也没放弃。

刘禹锡与元稹、白居易等都是多年好友，与薛涛所经历的最后一任西川节度使李德裕也关系密切，他对于薛涛十分关注和熟悉，很可惜的是，因为年代久远，我们今天只能见到这一首两人之间酬唱的诗作。在薛涛去世后，李德裕曾经作诗哀悼，并且把这首诗寄给了他与薛涛共同的好友刘禹锡，刘禹锡因此写了一首伤感的和诗。李德裕的原诗已经不可考，刘禹锡的这首和诗因为后来又寄给了白居易，因此而流传了下来。

和西川李尚书《伤孔雀及薛涛》之什

玉儿已逐金镮葬，翠羽先随秋草萎。

唯见芙蓉含晓露，数行红泪滴清池。

芙蓉含露是夏季之景，因此，薛涛离世的时间应当是在芙蓉盛开的夏季。"玉儿已逐金镮葬"暗指薛涛随着元稹逝去了。刘禹锡又将这首诗寄给了好友白居易，与之共悼这位奇女子。可见，薛涛在当时的诗坛同仁心中是颇有影响力的，她的离去，是诗人们心中的极大憾事。

酬杜舍人

双鱼底事到侬家，扑手新诗片片霞。

唱到白蘋洲畔曲，芙蓉空老蜀江花。

杜舍人便是著名诗人杜牧，他与李商隐并称为"小李杜"，是晚唐成就最高的诗人。不过，在他成名的时候，薛涛已经是一个老妇人了。这首诗描写了薛涛收到这位后辈来信时的喜悦心情。

从杜牧的履历来看，薛涛在世时他并未到过西川，因此两人很可能未曾见过。杜牧出身官宦家庭，他的爷爷杜佑曾经做过宰相，他从小在书香中长大，必然听闻过薛涛这位女前辈的诗名，因此写信交好或献诗致意，由此而建立了友情。

对杜牧来说，这位大他二十几岁的诗坛前辈是个才华横溢、人品高洁的世外高人，"所谓伊人，在水一方"，当他在一个秋日游览白蘋洲的时候想到薛涛独自隐居的浣花溪大概也是如此风光秀丽吧，于是他便写了一首《题白蘋洲》寄予她：

山鸟飞红带，亭薇拆紫花。

溪光初透彻，秋色正清华。

静处知生乐，喧中见死夸。

无多珪组累，终不负烟霞。

　　他虽未到过浣花溪，但是他相信那一定是个灵秀之地，山光水色相辉映，飞鸟鲜花俱清灵，薛涛在此自由自在随己随心地生活，已经参透了生死大义，不负流光与烟霞。

　　薛涛回诗称赞这位少年的过人诗才，自谦道自己不过是"芙蓉空老"而已。二人毕竟在心理和地理上都相距遥远，这个出身优渥的小小少年此时还不太可能理解薛涛的心境，她人生中的坎坷经历和爱恨情仇也无需对他多言，就让他保持那无伤大雅的想象吧，她只轻轻地表示谢意，半真半假地谦虚一下就够了。

　　由于年龄和地理上的差距，杜牧并未能与薛涛进行更深层次的交往和互动，可是，他对这位著名的女前辈是怀抱着敬仰和激赏的。这也侧面印证了薛涛在当时社会上的盛名，文人士子们都以结交她为荣。

小女人有大智慧

　　在中国古代，男人与女人之间的关系非常简单明确，那就是尊与卑、主与奴的关系。女人完全是作为第二性存在的，她们的使命就是为男人服务，成为他们的后勤保障、私人财物和传宗接代的工具。她们很少被视作有思想的同类，而是被最大限度地剥夺自由后被圈养起来。如果不幸嫁给家境贫困的男子，她们除了要承担"内务"以外，还要与男人一样去田地里劳作，当生活实在无以为继的时候，还可能被卖掉换取财物。

很少有女人能像薛涛这样跟男人成为"朋友"。她不相夫教子、侍奉舅姑，但是她无可指摘，她对这个社会的效用要远远大过成为一个家庭主妇。她让人们见识到，如果给予女性自由空间，她们可以成为怎样优秀的人物。为官治国、琴棋书画、古董花鸟、华衣美食、升官之门、发财之道，不论俗雅，她无所不知、无所不能。上至宰相亲王，下至贫民工匠，她都能与之结交，男人会的能的，她都可以，甚至比男人做得更好。当然，薛涛无法复制，正因为她的无法复制，所以更显珍贵。而她的最珍贵之处，在于她独立生活，一生未婚，在离开男人几乎无法生存的封建社会里，能潇潇洒洒、滋滋润润地活着，这几乎是一个奇迹。

薛涛之所以能够成为这样一个奇迹，一是凭人品，二是凭才华。

韦庄编《又玄集》的标准是"持斧伐山，止求嘉木，挈瓶赴海，但汲甘泉"，选薛涛诗两首。

晚唐诗人张为编撰的诗论专著《诗人主客图》中，对中晚唐的主要诗人进行了分类和排序，可以说是中晚唐诗人的"琅琊榜"。他将这些诗人分立六"主"，其下是"客"。六主之下客又分为"上入室""入室""升堂""及门"四级以定地位高下。在他收录的八十九位诗人之中，只有薛涛一人是女性，她被列入"清奇雅正主"李益之"升堂"位，与方干、贾岛等并列，可见她在中晚唐诗坛地位之高。

与她齐名的另外两位女诗人李冶和鱼玄机都在道德人品上饱受诟病。五代的王仁裕《玉堂闲话》中云"李季兰（李冶）以女子有才名"，却又讥其"失行妇人"。宋孙光宪的《北梦琐言》中评鱼玄机"甚有才思"，但又斥其"自是纵怀，乃娼妇也"。真正曾沦落风尘的薛涛却从未在道德人品上遭遇过攻击，不论是在当时还是后世，她都以典雅高洁的形象深入人心，这与她的洁身自好、持身稳重是密不可分的。

虽然她早年间在幕府中迎来送往，平素交往酬唱的也大多是男性，可是她时刻恪守原则，把握尺度，不留给人们想象和议论的空间。她现存的诗歌之中，几有半数是与诸公酬唱相和之作，这其中有历任蜀帅，也有幕府中的官员，还有一些朋友、宾客，以及僧侣道士。从她与他们酬唱的诗作来看，她始终不卑不亢，着意洗刷其中的性别意味，将情感控制在正常的同事或者朋友的范围之内。故众文士才子在与她来往的时候，也会特别自重，以免玷污芳名。

一个单身女子常年出入幕府，开纸坊，在男性世界里来往穿梭，这样频繁的社会活动远远超出了当时社会对"良家妇女"的限定。虽然唐朝是历史上相对比较开放的时代，但总体氛围仍然是"女子弄文诚可罪"的。唐太宗的长孙皇后颇有诗才，但是她很少作诗，即使作了诗也不肯叫唐太宗看，还说道："此吾以自防闲耳，妇人著述无条贯，不欲至尊见之，慎勿言。"《全唐诗》记载了一个著名的进士孟昌期妻孙氏，善诗，每代夫作。忽一日，她猛然醒悟"才思非妇人事"，一把火把自己所作的诗文全部烧毁。像薛涛这样的职业诗人，可以说是少之又少。

她就这样一边看似循规蹈矩地遵守着世俗礼法，一边不动声色地打破着世俗的陈规陋习，一点一滴地渗透、粉碎，最终达成目标。这是个聪明绝顶的女人，她用超乎寻常的智慧为自己在那个等级森严的封建社会里拓出了一片自由天地。

与薛涛　白居易

峨眉山势接云霓，欲逐刘郎此路迷。
若似剡中容易到，春风犹隔武陵溪。

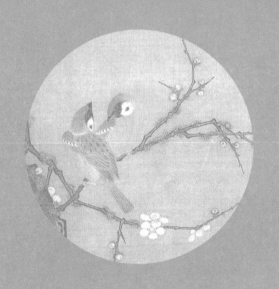

第九章
他家本是无情物
一任南飞又北飞

壮志成灰

长庆三年（823），初冬，冬阳薄薄地洒在浙东越州的一座官邸中。这是一座十分精致的官邸，其主人曾经写诗自夸这样的宅子便是神仙也住得：

以州宅夸于乐天

州城迥绕拂云堆，镜水稽山满眼来。

四面常时对屏障，一家终日在楼台。

星河似向檐前落，鼓角惊从地底回。

我是玉皇香案吏，谪居犹得住蓬莱。

此时，这座"蓬莱仙苑"笼罩在一片寂静中。

两个听差的小厮守在廊下昏昏欲睡，虽然有薄薄的冬阳在身，终究抵不过逼人的寒气，在困意与寒意的撕扯中，两个人有一搭没一搭地聊起天来。

一个道："你听，是不是有唱戏的声音？"

另一个嘟嘟囔囔道："哪有，你怕是听错了吧。"

"保证没错，你再仔细听听，是城隍庙在唱戏了。"

"……"

那一个听清楚了，无比肯定地说："是在唱参军戏！"

另一个顿时也来了精神："参军戏？可是江苏淮安的周家班来了？"

"对了，正是，我也听说周家班要来越州……"

屋门轻"吱"一声开了，一个小丫鬟走出来，轻声笑骂道："大人还在睡着呢，你们在这叽叽喳喳可是找打么？"

一个小厮嬉笑道："姐姐你听，那可是淮安的周家班来了，正要唱姐姐你最爱的曲儿呢！"

丫鬟听了俏脸一红，假愠道："胡说什么，我可不爱听什么'曲儿''直儿'的，再胡说我便告诉大人你们不好好听差，在这儿瞎嚼舌根。"

两个小厮虽知道她不会当真，但还是打叠起笑容来不断央告求饶，以哄得她高兴。

厢房中的"大人"其实已经醒了，正独自拥被斜靠在榻上出神。这样寒冷难耐的天气里，是不应该午睡的，偏偏他今天觉得身体疲重，倦怠得很，懒懒地睡了一觉，睡醒了也懒得起来，更不想言语。

京师长安传来的消息一个比一个坏，据说皇帝的身体已经坏到家了，有可能连这个新年都撑不过去，真是让人忧心。皇帝不过才三十岁，怎的却比他这个四五十岁的半老头子还不济事呢？他想起自己当年谪居江陵时所患的头风，后来在通州又患上疟疾，几乎以为小命就要没了，没想到有惊无险地活到了现在。皇帝是九五至尊、真龙天子，有上天庇佑，也许熬过这个冬天就会好了。

这个忧心龙体的中年官员正是时任浙东观察使、越州刺史的元稹，长庆元年的风光让他食髓知味，他还在祈盼着穆宗皇帝能够早日将他召回京师，实现他救世济民的理想，可现实却每况愈下。

其实，自从元和六年他的伯乐宰相裴垍病逝，他便开始有些意志消沉，当时他在《感梦》诗中说出自己的心声："前时予遘荆，公在期复起。自从裴公无，吾道甘已矣！"但是长庆年间穆宗对他的赏识又让他重新燃起了济世的雄心。虽然他拜相未几便被贬居浙东，但是他以为只要唐穆宗在世，他就不愁没有东山再起的机会。反正贬谪的生活他早就习惯了，浙东越州山清水丽，他也乐得逍遥。

可惜他一心效忠的唐穆宗并不是个圣明天子，二十几岁正当年富力强的皇帝并不想着励精图治，而是耽于享乐。早在为大行皇帝宪宗治丧期间，新皇穆宗就已经按捺不住在宫中大肆饮宴。他还在西北少数民族犯境、局势微妙之际，带着千余人马跑去华清宫玩到很晚才回宫，把那些苦劝的大臣们气得冒烟儿。

长庆二年冬，穆宗突然中风，病倒在床。随后，他为了保命开始服用各种"金丹"，这些"金丹"并没有使龙体转安，反而使其每况愈下。

元稹灰心地意识到，他很可能真的要终老浙东了。

他已经四十四岁，对于平均寿命五十来岁的唐朝人来说，已经到了该及时行乐的年纪了。齐家治国平天下，不是他不愿，而是根本没机会，说来不知道算是他个人的悲哀还是这个国家和时代的悲哀。

他累了。

往事如烟

他近来常常想起往事，也想起故人。随着时间的推移，他已经较少梦到发妻韦丛，也不怎么再想起他的初恋双文了，可是十分蹊跷的是，最近他却频频想起远在成都的薛涛。韦丛此时大概早就再世为人了，双文应该也早就儿孙满堂了，只有那个远在成都的薛涛，他知道她一直都是一个人。她还在苦等着他吗？

他有过许多女人，她们对他的期望都不过是他能多爱她们一些而已。只有薛涛是不同的，她有着情爱之外更广阔的胸怀，她一直希望他能够展翅高飞去实现他的政治抱负，为这个国家和它的子民做些什么。她爱的是那个顶天立地、为国为民的好男儿——那何尝不是他理想中的自己？也许，家国理想才是他们心灵深处的共振，是它，引发了他们的爱情。

他突然十分想念她，他的灰心绝望只有她才能安慰。她在官场多年，见惯了风浪，普天下的女子没有谁能比她更了解他的无奈。

他想起了年轻的时候跟她在梓州游山玩水、吟诗作赋时的快活时光，他想：我这个时候如果去接她来越州，她会不会很高兴？他甚至已经想象着，当她看到他的书信时会不会高兴得热泪盈眶。她也已经四十多岁了，很快也将面临孤独终老的困境，此时若接她来，她应当会感激吧？

他甚至想马上起身写一封书信倾吐对她的思念，然后派人去成都接她前来相聚。

当他的心已经飞到成都去了，他肥懒的身躯却仍然安卧榻上，他努力了许久才费劲地将它托起。及至提起笔，他还在犹疑，该如何下笔呢？她毕竟不是普通女子啊，那可是大名鼎鼎的成都薛涛，她会不会欣然来聚呢？他想起前两年寄诗给她收到的回信，她似乎已经有点意兴阑珊了。想到这里，一向下笔如有神助的他竟然觉得笔尖是涩的，在纸上如犁田开山般艰难。

正在他笔下塞滞之时，一阵穿云裂帛的歌声迢迢送入他耳中，那歌声听来极远，却有一种能将人立即抓到眼前的特殊魔力，他不由自主地把耳朵送上前去以便听得更加真切。

"那年离别日，只道住桐庐。桐庐人不见，今得广州书。"

他内心一动，这唱歌之人怎的这般伶俐，倒像是直指着他的心事来的。

再往下听去："不喜秦淮水，生憎江上船。载儿夫婿去，经岁又经年。"

那歌声清润圆亮，不高不躁，悦耳至极，又兼有无限婉转的情意，未见其人，却如人在眼前一般，再听下去已觉神思皆被歌者牵走了。那必是一个水葱样的年轻女子，身段窈窕，秀眉低回，笑中带怨，亦嗔亦喜，说不尽的缠绵柔情，道不完的妩媚可人。他这一生虽然仕途不顺，香粉丛中艳福却还不浅，可是，他还从来没有听过如此勾魂摄魄的歌声，果然是江南多佳丽！

他恨不得立即将那歌者招至眼前看看到底是怎样一个妙人儿，连唤几声侍者方有两个小丫鬟慌慌张张跑过来，只见她们也是一脸神醉形痴，显然也是被那歌声所感。这女子的魔力当真了得。

望夫歌

这女子正是彼时江南一带最当红的艺人刘采春。

刘采春，江苏淮安人氏，她与薛涛、李冶、鱼玄机并称"唐朝四大女诗人"，《全唐诗》中收录其六首《啰唝曲》。不过也有学者认为《啰唝曲》只不过是由刘采春演唱而已，未必是她创作的。明人胡应麟《诗薮》指出《啰唝曲》六首中的"四首工甚，非晚唐调"，并说"今系采春，非也"。也许只是她收集了民间流传已久的小调，将其采编成歌，在舞台上唱红了。从改编和传播的角度来说，她也算是给这些小诗赋予了新的生命，这也是寻常人所不能及的才华。

比起"女诗人"这一尚有争议的身份，她在演艺界的地位和群众基础却是无法撼动的。

刘采春的夫家姓周，她的丈夫周季崇和大伯哥周季南都是表演"参军戏"的艺人，他们有一个家族戏班，走南闯北唱戏卖艺为生。

"参军戏"本来是一种表演形式类似于"相声"的滑稽戏。后赵一个参军官员贪污，时人就专门编了一出戏来讽刺他，令优人穿上官服扮作参军，让别的优伶从旁戏弄，"参军戏"由此得名。这种戏剧一般是两个角色，被戏弄者名参军，戏弄者叫苍鹘，二人一问一答，一来一往，一个捧哏一个逗哏，剧情简单但是滑稽幽默。

周家因为有了刘采春这个"金嗓子"，突破性地在参军戏中加入了唱段，将其演变成了说唱的形式。在参军戏之外，刘采春又特别聪明地选择了"思妇"这一题材将其编成小曲四处演唱，迅速地赢得了观众的喜爱。其时江浙之地许多男人外出经商，一去经年，他们的妻子常年闺中寂寞无处抒发，听到刘采春的歌声"闺妇行人莫不涟泣"，因此，周家班的演出每到一处都大受欢迎。

在唐朝，不论官民都爱好吟诗唱曲，不论诗与词，最初都是用来谱曲而唱的，"唐人朝成一诗，夕付管弦"，绝句更甚。沈德潜的《说诗晬语》明确定义："绝句，唐乐府也。篇止四语，而倚声为歌，能使听者低徊不倦。旗亭伎女，犹能赏之，非以扬音抗节有出于天籁者乎？著意求之，殊非宗旨。"当红的文人们一有新作出来，便马上被伶人、妓女们谱上曲子开始在歌楼妓馆里演唱。唐人薛用弱《集异记》中记载了一则"旗亭赌醉"的逸事，主角是著名诗人王昌龄、高适、王之涣。

在一个下着小雪的冬日，三位已经小有名气的诗人共诣旗亭，围炉小酌。

酒楼上有伶人们在唱曲，三人一时兴起，便悄悄开了个赌局，要看看伶人们唱谁的诗作较多。

音乐响起，一个歌伎唱道："寒雨连江夜入吴，平明送客楚山孤。洛阳亲友如相问，一片冰心在玉壶。"

王昌龄微微一笑，用手指着墙壁上画，道："我的一首绝句。"

接着第二个姑娘站起来唱道："开箧泪沾臆，见君前日书。夜台何寂寞，犹是子云居。"

高适手指壁画说："我的一首绝句。"

第三个姑娘唱："奉帚平明金殿开，暂将团扇共徘徊。玉颜不及寒鸦色，犹带昭阳日影来。"

王昌龄又中一首，自然欢喜。王之涣则有点坐不住了，他不服气地说："此辈皆潦倒乐官。所唱皆巴人下俚之词耳。岂'阳春''白雪'之曲，俗物敢近哉。"然后指着最漂亮的那个姑娘道，"如果她唱的还不是我的诗，那我就认输。"

三人正嘻嘻哈哈地互相打趣，王之涣点中的那个姑娘发声唱道："黄河远上白云间，一片孤城万仞山。羌笛何须怨杨柳，春风不度玉门关。"

王之涣大喜，指着王昌龄和高适二人笑道："田舍奴，我岂妄哉。"

三个人大笑起来，唱曲的伶人们有点摸不着头脑，待问清了缘故，竟相拜曰："俗眼不识神仙，乞降清重，俯就筵席。"三位诗人欣然就坐，大醉一场，宾主尽欢。

由此可见，唐朝的诗人们与伶人们向来关系密切，诗人们谁的作品最好，伶人们便唱哪个诗人的作品最多，反过来，伶人们唱哪个诗人的作品最多，便说明哪个诗人最红。

新人胜旧人

刘采春不仅有一副夜莺般的好嗓子，长得也是貌美如花，又有丰富的舞台表演经验，举手投足无一不是风情，自然大受文人才子的欢迎。偏这元稹又最是个多情的人，遇到这样的尤物，哪里还放得下，也顾不得身份廉耻，火速跟刘采春打得火热。

他有一首诗是送给刘采春的：

> 赠刘采春
>
> 新妆巧样画双蛾，谩里常州透额罗。
>
> 正面偷匀光滑笏，缓行轻踏破纹波。
>
> 言辞雅措风流足，举止低回秀媚多。

更有恼人肠断处，选词能唱望夫歌。

这首诗的格调与《寄赠薛涛》全然不同，字里行间都透露出赤裸裸的男女爱悦之情，靡艳程度可比他早期写给崔莺莺的情诗。

在《寄赠薛涛》里，他极力地恭维薛涛的才华，甚至带着些文人之间互相捧场的套路，除去最末两句"别后相思隔烟水，菖蒲花发五云高"，前面三联看起来都像是两个纯洁的文人同道在示好。在这首《赠刘采春》中，他不厌其烦地描画这个女子的妆容、皮肤、举止、仪态，最后两句"更有恼人肠断处，选词能唱望夫歌"更是暧昧至极，这个风流温存的小冤家，如此美貌、如此妩媚已经让人欲罢不能了，偏偏还最爱唱"望夫歌"，如何不叫人心动呢？

元稹身为一介父母官，对这位有夫之妇的迷恋不仅是敢于写到诗里，在当时的文人圈子里更是人尽皆知。有一次，他醉后在东武亭题诗，诗中云："因循归未得，不是恋鲈鱼。"同僚卢简求看到该诗，揶揄道："丞相虽不为鲈鱼，为好镜湖春色耳！""春色"指的便是刘采春，可见元稹与刘采春二人的暧昧关系已经是个公开的秘密。

范摅的《云溪友议·艳阳词》里记载："（元稹）乃廉问浙东，别涛已逾十载。方拟驰使往蜀取涛，乃有排优周季南、季崇及妻刘采春，自淮甸而来。善弄陆参军，歌声彻云，篇韵虽不及涛，容华莫之比也。元公似忘薛涛……"

对于男人来说，这个世界永远是新的，因为永远会有更年轻的、更漂亮的女人出现，尤其是对于元稹这样有身份、有地位的男人来说，这个世界永远都有新的风景。那些旧的风景也有好的，可是她们无法与时间抗衡，败落和遗忘就是她们最终的宿命。

元稹的政治前途也如那些被抛弃的女子一样，再也没有"回春"。长庆四年（824）正月，唐穆宗因服食"金丹"毒发身亡，年仅三十岁。穆宗皇帝的驾崩令元稹悲痛欲绝，他回朝的希望彻底破灭了。在长庆四年年历的尾页上，他题写了这样一首诗用来怀念他的"伯乐"唐穆宗：

题长庆四年历日尾

残历半张余十四，灰心雪鬓两凄然。

定知新岁御楼后，从此不名长庆年。

他最风光、最接近权柄的"长庆"年从此一去不复返，世上再也不会有"长庆"这个年号。从此，他更加放浪形骸不加约束。《旧唐书·元稹传》载其在越州"放意娱游，稍不修边幅，以渎货闻于时"。那个曾经令贪官们焦头烂额的元御史，彻底变成了另一个人。

密友的来信

对于元稹在越州的风流韵事，薛涛当然也有所耳闻。

元稹当时名气大到"每一章一句出，无胫而走，疾于珠玉"，他的诗歌相当走俏，比珠玉转手还快，薛涛虽远在成都，仍经常会读到他的诗作，听到他的消息。你知道这个人正在哪里，在做些什么，又写出了什么得意的诗，又爱上了什么人，可是那一切都与你无关了。就像你每天看着他的微博在更新着各种日志，却不能去留言区评论问候一句，你只能在自己的小天地里悄悄地叹息。

此外，他们还有那么多共同的朋友。作为同时代同圈子的著名诗人，他们的朋友圈必然是互相重叠的。比如段文昌，还有少年时曾在西川节度使幕府任行军司马后出为襄州刺史、山南东道节度使的李程，那是他们共同的朋友，薛涛有诗赠曰《别李郎中》，元稹有诗赠曰《贻蜀五首·李中丞表臣》，即是明证。西川节度使幕府的校书郎张元夫，元稹亦有诗赠曰《贻蜀五首·张元夫校书》，薛涛更是把他当作知交好友，在《寄张元夫》诗中向他惋叹："借问人间愁寂意，伯牙弦绝已无声。"

虽然早在数年之前她便已经知道这段恋情已然无救，心中却一直有他灰灰的影子无法抹去。她作了一首《柳絮》：

> 二月杨花轻复微，春风摇荡惹人衣。
> 他家本是无情物，一任南飞又北飞。

元稹曾在《古决绝词》三首中以"那能朝开暮飞去，一任东西南北吹"表达他对爱情的坚贞，薛涛便在《柳絮》中写道"他家本是无情物，一任南飞又北飞"。她看透了这个男人的"多情"本质是无情，却又无可奈何，只能劝慰自己，男人本来就是这样无情的动物。

就在这个时候，元稹最好的朋友白居易主动给薛涛寄去了一首诗：

> 与薛涛
> 峨眉山势接云霓，欲逐刘郎此路迷。
> 若似剡中容易到，春风犹隔武陵溪。

　　白居易与元稹是"一生休戚与穷通，处处相随事事同"的好友，是历史上非常知名的一对儿。

　　他们之间的友谊不单是停留在政见一致和彼此欣赏对方的才华之上，他们对彼此的倾慕和爱意是落实到衣食住行上的。元和十年秋，白居易被贬江州司马、元稹被贬通州司马时，白居易给元稹寄去毂衫和纱裤，没过多久，又给元稹寄去有名的蕲州簟，生怕"通州炎瘴地"热杀了他的元九君。后来，元稹投桃报李给白居易寄去了轻薄御暑的纻丝布。从元稹的悼亡诗来看，他对自己的妻子韦丛只怕也没有如此关心体贴过。

　　元和六年，白居易丁母忧期间贫居渭村，谪居江陵的元稹曾三次寄去自己的俸禄接济老白。老白有一首情深意切的《寄元九》为证：

> 一病经四年，亲朋书信断。
>
> 穷通合易交，自笑知何晚。
>
> 元君在荆楚，去日唯云远。
>
> 彼独是何人，心如石不转？
>
> 忧我贫病身，书来唯劝勉：
>
> 上言少愁苦，下道加餐饭。
>
> 怜君为谪吏，穷薄家贫褊。
>
> 三寄衣食资，数盈二十万。
>
> 岂是贪衣食？感君心缱绻！
>
> 念我口中食，分君身上暖。
>
> 不因身病久，不因命多蹇。
>
> 平生亲友心，岂得知深浅？

他们俩互相唱和写起诗来简直不要命。白居易的《因继集重序》中记载："今年，予复以近诗五十首寄去，微之不逾月依韵尽和，一百首又寄来，题为《因继集》卷之二。卷末批云'更拣好者寄来'。盖示余勇，磨砺以须我耳！予不敢退舍，即日又收拾新作格律共五十首寄去，虽不得好，且以供命。"

他们收到对方的信时，一个是"枕上忽惊起，颠倒着衣裳"（白居易《初与元九别后忽梦见之及寤而书适至兼寄桐花诗怅然感怀因以此寄》）。一个是"远信入门先有泪，妻惊女哭问何如"（元稹《得乐天书》）。

他们之间的倾慕到了"知己眼中出潘安"的地步，白居易在《吟前篇因寄微之》云"君颜贵茂不清羸"，在《和微之春日投简阳明洞天五十韵》中又赞元稹"仪形美丈夫"。元稹则在《酬乐天得稹所寄纻丝布白轻庸制成衣服以诗报之》里说："春草绿茸云色白，想君骑马好仪容。"

这俩人彼此间不论大小事情都会互通有无，真可谓好得能穿一条裤子，甚至还发生过共"享"一妓的风流韵事。对于元稹的两任妻子，白居易曾赞道"韦门女清贵，裴氏甥贤淑"。尽人皆知的元九与薛涛的一段情事，白居易也一定深知内情。可是，白居易与薛涛素未谋面，为何突然寄来一首这么意味深长的诗？

这首诗，又似关切，又似劝退，还可以解读出一点冷冷的讽刺，甚至，还有很多人将之解读为对薛涛的撩拨。不管怎么说，笔者认为白居易对薛涛应当是没有恶意的，以他们双方在诗坛的地位和口碑，根本就没有交恶的必要。何况，白居易与薛涛之间也有许许多多共同的朋友。数年之后薛涛离世，白居易还曾与刘禹锡在信中对此事表示伤悼，所以，他对薛涛不但没有恶意，而且是充满好感的。

终成陌路

此事由来恐怕还需从白居易年轻时的一段往事去寻根。

白居易少年时为避战乱曾跟家人在符离（今安徽宿州市）生活过多年，他的东邻有一位美貌少女名为湘灵，"娉婷十五胜天仙，白日姮娥旱地莲"。二人青梅竹马，芳心暗许，爱得难分难舍，但是白居易的母亲非常重视门第观念，死活不让儿子娶一个村姑。白居易也很硬气，母亲不让他娶湘灵，他便誓不结婚，一直熬到三十七岁那年，他的母亲以死相逼，他才不得不与一个同僚的妹妹结了婚。

他一生都在怀念湘灵，随身带着少年时湘灵为他做的一双鞋，为她写了很多缠绵悱恻的诗句。在他四十四岁那年，他终于在贬谪江州的途中与湘灵重逢，这时湘灵也已经四十岁，但是仍然在为他痴心守候，独身一人。很可惜的是，虽然白居易的母亲已经去世，这对有情人依旧只能相忘于江湖。

薛涛的痴情与湘灵何其相似，此时的她也已经到了四十出头的年纪，却依然心系元稹无法自拔。白居易不忍心看着她在一个已经没有可能的男人身上虚掷年华，因此借诗劝她放手，另寻幸福。可是，这种事情又岂是旁人相劝可以开解的，白居易自己何尝不是思念了湘灵一辈子无法自拔。薛涛这么明慧通达的人，何尝没有勘破情关，只不过她知道却做不到罢了。

不管白居易的本意如何，薛涛收到这样一首诗，心里肯定不是滋味。她与元稹的事情始终只是两人之间的私事，是进是退、是分是合不需要任何旁人来置喙。而白居易如此这般突兀地寄诗与她，虽是好意，难免会让世人诟病，这有违她的初心。

知名诗人之间的酬唱，就像今时明星们公开的放话与表态，诗语曲折，但人皆龙凤，不用说得太过清楚明朗，点到即止，其意自明。白居易这首"劝退诗"点明了元、薛之间再无重续旧情的可能。一段刻骨铭心的感情就此交代了。从此，他们只能在史书、诗集和后人的凭吊中聚首。

其实，最让薛涛难过的不是元稹的"移情"，而是他对于自己节操的放纵。她早知道无法要求这个男人为她专情，但是他起码可以保持为官清廉，不必放纵到"渎货卖官"的程度，想当年他入东川查案，多少贪官污吏为之震慑，不料数年之后，他自己竟也沦落至贪官之流。那个锐直敢言、一心为国的男人才是她最为珍惜的部分，可惜竟然被他自己亲手埋葬了。这才是最终的陌路。

那个深得元稹宠爱的女艺人刘采春也遭遇了薛涛一样的结局，元稹在离任时并未带她一同离开。一个女艺人，不管多么美貌温柔，谈谈恋爱消遣消遣就好了，怎么可能登门入室？元大人这辈子唯一坚持的原则就是这一点了。作为一个有夫之妇，刘采春不能被元稹所纳，又无法再回到原来的丈夫身边，羞愧之下投水而亡。

又是一个"痴心女子负心汉"的故事，封建社会几千年，女人都是被辜负过来的。可是，在那个时代，社会对男人没有"忠贞"的要求，所以谴责男人的花心也就没有意义，痛骂女人痴傻也没有意义。

薛涛深知这一点，因此，她虽然深爱元稹，却从来没有将全副身家性命系于这个男人身上。他能辜负她的心意，却动摇不了她生活的根本。她虽然饱尝孤独辛酸，但是一直保持着优雅体面的生活。

她的爱情跟元稹的理想一同死于长庆年。从此，她不再着红衣，而是改穿道服。

望江楼上悬挂的楹联

古井冷斜阳，问几树枇杷，何处是校书门巷？

大江横曲槛，占一楼烟雨，要平分工部草堂。

第十章
晚岁君能赏
苍苍劲节奇

改换红装着道装

弃红装，着道服，是薛涛对自己人生的一次总结和清零，随着年岁渐长，某些东西已经无可挽回地要随流水而去，她的心灵也趋向更平静更高远的所在。在薛涛的位置上，人世间的悲欢离合已经看得太多，聪慧通透如她，也有很多无奈与不解，她饱经沧桑的心灵需要寻求一种更深切的安慰。

她改装道服，也是对某些事物的彻底告别，或者说是一种表态。到了她此时的年纪，名望与事业都已经稳稳在手，青春与情事皆如烟云散去不可追，一切红尘俗念已绝，她想要获得的只有身心的澄静。以她当时所处的社会来说，寄身宗教是一个很好的去处。

薛涛是一个随分从时、积极入世的人，她一生中大多数时间都生活在热闹之中，不论是幕府，还是造纸工坊，她都是一个重要人物，即使是在她所居住的浣花溪或碧鸡坊，也不断地有人前来拜访，求字的，求诗的，求笺的，甚至还可能有求官、求财、求计、求策的，大概，也有不少求爱的。她虽然向往林泉清静，却不曾有过断绝红尘之念，但是她一直对宗教人士颇为仰慕敬重，交往也颇频繁。

在她所交往的宗教人士中，既有佛教徒，也有道教徒，若认真算起来，她对于道教更为亲近一些，不过，这跟当时的社会潮流是分不开的。

早在唐朝立国之初，李唐王室为了与世袭的门阀大族势力抗衡，着意提高出身，将老子尊为祖先，同时将道教尊为国教。高宗上元元年（674），朝廷规定王公百官都要学习《老子》，并将其列入了考选官员的科目之一，后又将《道德经》纳入科举内容。高宗和玄宗还先后规定"道士、女冠宜隶宗正寺"，视同宗室，凡道士、女冠犯法者，州县官不得擅行决罚。除了在宗教地位上不断抬高道教，朝廷还不断地从经济上、政策上给予道教宫观各种支持，免除道士的赋税，还给予道士田产（男道士三十亩，女冠二十亩），保证他们的基本生活来源。因此，有唐一代，道教地位崇高，空前繁盛。

在这样的背景之下，又兴起了一个空前绝后的现象级群体——女道士。

唐朝的女道士被称为"女冠"，这是一个风头很劲的群体，因为她们大多由有知识有地位的贵族女性组成。道教的许多经书都是以诗歌的形式书写的，因此要求入道的女性必须要有一定的文化涵养，起码要能读诗，最好也能写诗，所以，入道的条件相对较高。《唐会要》卷五十云："诸色人中，有情愿入道者，但能暗记

《老子经》及《度人经》，灼然精熟者，即任入道。"因此，当时的女冠中有为数不少的后妃公主、贵族千金，以及宫女、乐伎等。

据《唐六典》卷四《尚书礼部》记载："凡天下观，总一千六百八十七所，一千一百三十七所道士，五百五十所女道士。"其中男道士观占67%，女道士观占33%。从《新唐书》卷四十八《百官志三》中所载道士的人数来看，男道士仅占44%，女道士占到56%。唐朝女子入道，可以说是一种风尚。

道教"重阴阳，等男女"的观念对于当时的性别生态起到了十分积极的调节作用。道观里没有男尊女卑，也没有三从四德，大家一样地修习、讲经，女冠可以自由地与任何阶层的人士来往，也可以访道求仙为名，四处遨游。既可以学习道术，修炼身心，又可以获得最大的自由。当时的女性若要追求自由解放，摒弃俗务又可安身立命，最理想的出路便是入道。唐朝最重要的三位女诗人均为女冠，即李冶、鱼玄机及晚年疑似入道的薛涛，这绝不是偶然，而是当时的社会现状与宗教力量共同作用的结果。

据费著的《笺纸谱》记载，薛涛晚年"暮年屏居浣花溪，着女冠服"，可以确定道教在她的暮年生活中占据了十分重要的位置。不过，着道服并不代表正式入道，薛涛是否正式入道，至今未发现确切记载。《三洞奉道科诫》分道士为六阶，即天真道士、神仙道士、山居道士、出家道士、在家道士、祭酒道士。像薛涛这样在家修行崇道我们权且称之为"在家道士"。

将鹅与右军

虽然无法确定薛涛是否真的曾经入道，不过道教作为唐代国教在社会各方面的渗透和影响是毋庸置疑的，对于薛涛本人的影响也可以从她的诗作中轻易发现端倪。她经常在诗作中使用一些道教色彩的词语，在她现存的与人唱和的诗作中，方外人士也是极其重要的一部分。在与这些道教徒酬唱的诗作中，她充分表达了对于道教的向往和肯定，对于修行之人的道行和品性给予了充分的赞美。

她的《试新服裁制初成三首》作于早年在幕府做乐伎之时，其中词句已经饱含了道教元素：

> 紫阳宫里赐红绡，仙雾朦胧隔海遥。
>
> 霜兔毳寒冰茧净，嫦娥笑指织星桥。
>
> 九气分为九色霞，五灵仙驭五云车。
>
> 春风因过东君舍，偷样人间染百花。
>
> 长裙本是上清仪，曾逐群仙把玉芝。
>
> 每到宫中歌舞会，折腰齐唱步虚词。

那华丽的红色衣料美得不像人间的产物，倒像是天宫所赐，其轻柔烂漫像是一片仙雾渺渺，其明净光亮、细腻柔滑像是月宫里玉兔的毛一样，连嫦娥见了都笑道：这衣裳可以穿去约会情郎了。其色彩绚丽如同九天之上的九色霞，其花样纹饰又如同仙界的五彩云朵，估计是春风偷采了人间靓丽的百花染出的吧。用这衣料裁成的长裙，就像是天上的仙女们手把灵芝追云逐月时所穿，天宫中每有歌舞盛宴时，她们定是穿着这样美丽的裙子，唱着仙曲儿整齐地踏着优美的步子凌虚而舞。

可见，道教服饰在当时的贵族生活中是一种时尚。

这是一首入世的、充满了少女想象的绮丽诗句，带着对于天宫和群仙的浪漫想象，将试穿宴会新服的过程写得仙气飘飘，令人神往。只不过，那时候尚且年轻的她，仰慕的只是天宫的繁华秀丽，这首诗只是借用了紫阳宫、上清仪、步虚词等充满了道教意象的词语，并未深深浸入道教的思想意识。但是我们可以从中看出来，当时的贵族生活深受道教影响，甚至以道教的服饰作为歌舞的服装，以道教传说中的天宫宴会为高贵风尚。薛涛身处幕府之中，与权贵士族们来往甚密，因此也深受影响。

她一生中结交了很多有道之士，并与他们感情深厚，志趣相投，有诗为证：

酬杨供奉法师见招

远水长流洁复清，雪窗高卧与云平。

不嫌袁室无烟火，惟笑商山有姓名。

这一位杨供奉法师是一个品性十分高洁的道士，诗人对他充满了崇敬，连这一首赠诗中的遣词造句都如冰山雪水一样不食人间烟火，她赞叹法师的品格如长流的清水般洁净，法师高洁的姿态如卧雪窗，可与云平。

"雪窗高卧"与下句中的"袁室烟火"都出自东汉著名的贤臣袁安。

《后汉书·袁安传》李贤注引晋周斐《汝南先贤传》说，在袁安还年轻的时候，有一年，洛阳遭遇百年难遇的大雪，百姓存粮吃尽，只好除雪外出乞食以求生。洛阳令挨家挨户地排查，到了袁家门前发现他家依旧是大雪埋窗，屋外的雪地没有行走的足迹，屋顶也不见炊烟化雪的痕迹，以为袁安已经冻毙饿毙家中，便让人扫除积雪进屋察看。进了屋一看，只见袁安人倒是活着，却只直挺挺地躺在床上，洛阳令便问他："既已弹尽粮绝，怎么不出去找亲戚朋友寻求帮助呢？"袁安答道："这样的大雪之下，谁家不是艰难度日，我怎么可以去打搅别人令别人为难？"洛阳令感其贤德，举他为孝廉。

后人便以"袁安困雪"或"袁安高卧"用来比喻生活清贫但坚守节操的贫士。比如陶渊明《咏贫士》诗："袁安困积雪，邈然不可干。"贾岛《别徐明府》诗："口尚袁安节，身无子贱名。"陆游《稽山雪》诗："冻吟孰窥袁安户，僵卧秃尽苏武节。"

"商山"指的是秦末汉初四位著名的黄老学者"商山四皓"，他们隐居商山不愿为官，却又声名远播尽人皆知，刘邦久闻他们的大名，曾请他们出山辅佐，被他们拒绝了。但是当刘邦想废掉嫡长子刘盈改立赵王如意为太子时，"四皓"又果断出山为太子站队，迫使刘邦打消了改立太子的主意。

袁安在面对死亡的威胁时尚能始终为他人着想，出仕后又能终生保持公正严明、不畏权贵的高尚气节，相对而言，"商山四皓"就显得有那么点儿沽名钓誉故作姿态。显然，薛涛和这位杨姓法师更为倾慕袁安，宁可住在无米下锅的袁家陋室自守清贫，也不愿像"商山四皓"那样名为归隐却又不甘寂寞。

送扶炼师

锦浦归舟巫峡云，绿波迢递雨纷纷。

山阴妙术人传久，也说将鹅与右军。

炼师指修炼丹法达到很高深境界的道士，这位扶炼师显然正在此列。

这是一首非常别致有趣的赠别诗。前两句借友人归途的风景表达了淡淡的离愁别绪，后两句连用两个典故道出了二人的深厚交情。

因为道教崇阴，道士一般喜欢在山阴之侧结庐修行。同时，山阴是今浙江绍兴的一个古县名，也正是这位扶炼师的修行之所。恰好，末句所说的"将鹅与右军"的故事也发生在山阴。

《晋书·王羲之传》卷八十记载了这一则有趣的故事：山阴有一道士，养了一群十分漂亮的鹅，羲之看了非常喜欢，求这道士将鹅卖给他。这个道士十分聪明，他说道："我这鹅不卖，不过您要是愿意为我抄写《道德经》的话，我愿意全部送给您。"王羲之非常高兴，欣然写之，然后笼鹅而归。

唐朝人十分重视书法，尤其最推崇王羲之，唐太宗和武则天都是王羲之的超级粉丝。薛涛的书法在当时也是一绝，"其行书妙处，颇得王羲之法"，因此，这位扶炼师也慕名向薛涛求字。薛涛欣然应允，并以"山阴道士以鹅换字"的典故来自我调侃，更显得二人关系亲厚。扶炼师得此雅诗，又兼得薛涛的亲笔好字，并且"求字"一事还被写进了诗中，当真是三喜合一。薛涛的这份赠别礼物可以说是送到人心坎里了。

咏竹

女道士在当时虽然整体是一个文化素养较高的群体，因而得到社会各界尊重，不过，也遭到了主流价值观的"污名化"。

因为女道士们大多都有不俗的文化底蕴，又享有充分的自由空间，因此成了歌伎以外与文士们接触最多的一个女性群体。他们一同冶游酬唱，留下了许多佳话。比如，传闻中曾经与王维和李白都有过深厚友谊的玉真公主便是一位女道士，李冶与著名诗人陆羽、刘长卿等过从甚密，鱼玄机与温庭筠的忘年交也广为人知。她们不拘礼法大胆与男子交往的行为也招致了时人和后世的诟病，许多人因此将她们视同娼妓，李冶和鱼玄机便因此而饱受批评。

薛涛虽然也与男子交往颇多，又有"女道士"这一模棱两可的暧昧身份，却因为她的持身自重而始终保持了清誉。她在幕府那么多年，对于那些"软刀子杀人"的套路熟悉得很，因此十分小心地避开了那些明枪暗箭。

"唐朝四大女诗人"之中，李冶因为献诗叛臣朱泚被唐德宗下令赐死，鱼玄机因妒杀婢被处以极刑，刘采春因情变投水而亡，薛涛虽然身处政治漩涡之中，却始终顽强而灵慧地保持着自我，只有她得到了善终。

晚年的薛涛从浣花溪搬到碧鸡坊，建了一座"吟诗楼"，从此"偃息其上"。

女子不能科考入仕，但是管不了她以诗为业。偌大的世间，总有一座小楼可以供她吟诗作赋。以她此时的年纪和心境，名利爱恨都已如浮云，如果一定要被一个牢笼囚住，那她宁愿以诗为笼。她以才自守，以诗自拔，诗歌才是她一生的伴侣和最终的归宿。

一首《酬人雨后玩竹》便是她的言志之诗。

> 南天春雨时，那鉴雪霜姿。
> 众类亦云茂，虚心宁自持。

多留晋贤醉，早伴舜妃悲。

晚岁君能赏，苍苍劲节奇。

竹子清雅淡泊，虚心有节，坚韧挺拔，质朴长青，与梅、兰、菊并称"四君子"，向来是中国人感物喻志的象征，也是自古以来文人诗词和书画中最常见的题材，咏竹的佳作名篇层出不穷。薛涛尤为爱竹，在她的住处便种满了竹子。在这首诗里，她将竹的气韵和风骨描写得淋漓尽致，可见竹的秉性与内涵已经深深地沁入她的内心。

"晋贤"指的是竹林七贤，这七位才子各有所长，皆为当时名士，为了抵抗司马集团的暴政而啸聚竹林，纵酒放歌。他们越名教而任自然，不拘礼法，潇洒放诞，是中国历史上最具个性的男子天团，是"魏晋风度"和"名士风采"的代言人，他们的影响力持续地影响着后世的文人士子。他们选择在竹林冶游，便是因为爱竹之高洁品格、疏朗风度。

"舜妃"指的是舜帝的娥皇、女英二妃，舜帝南巡崩于苍梧，二妃闻之前往湘南寻夫，投湘江殉情而死。她们一路痛哭，眼泪洒在山野的竹子上，从此，潇湘的竹子便长出了泪迹似的斑点，因此称为"湘妃竹"。二妃的坚贞品格被永远地留印在了竹子之上，竹之品格也因此而有了更美好的诠释。

竹子虽不粗壮，却能承担，即使被大风或霜雪压弯了腰也不会轻易折断，一有机会便恢复挺直。它没有花朵的妖娆绚丽，一身青翠，没有任何点缀，但是人们却把"修竹"和"种花"看得一样重要，因为竹子的清气是一处居所里不可缺少的一部分，所以"不可居无竹"。虽然没有树木的刚劲，但是竹子的坚韧也是树木所不能替代的，木器沉钝厚重，竹器清爽玲珑，都是居家度日不可缺少的部分。

薛涛的个性坚毅，轻易不会低头，同时又有一种能屈能伸的圆融智慧，正符合竹子的坚韧挺秀。作为孤身闯进男性丛林里的女人，她不卑不亢，虚心自持，像一竿秀竹一样独秀于林。她向往与"晋贤"共醉，与"舜妃"同悲，即使到了苍苍暮年，她也要始终保持这一份节操，让人钦慕赞赏。

晚年的薛涛虽然韶华已逝，退隐江湖，慕名前来拜访求见的人仍然络绎不绝。清人张怀溥的《吟诗楼》中写道："风雨瑟居楼上头，楼前车马半诸侯。"

她虽然想要"躲进小楼成一统"，自由清静地度过余生，可是楼下的西川大地再次迎来一场滔天的灾难。

筹边楼

继段文昌之后镇蜀的是杜元颖。

杜元颖是唐初名相杜如晦的五世孙，雅擅文辞，任翰林学士时便深得唐宪宗的赏识。唐穆宗即位后也对他十分信任，不到一年时间里便将他升至宰相，升职速度令人咋舌。长庆三年，杜元颖出任剑南西川节度使、同平章事，皇帝亲自到安福门为他送行，可见对他寄予了莫大的期望。

为了固宠，杜元颖不断搜刮奇珍异宝献给皇帝，各种苛捐杂税，甚至削减军饷来敛财。边关将士饥寒交迫，便转向周边的少数民族去勒索劫掠财物。南诏摄政王蒙嵯颠足智多谋，一面假意臣服向川军敬献财物，一面将蜀中军情摸了个一清二楚。边防长吏察觉南诏异动，屡屡向成都汇报，杜元颖却置若罔闻。

大和三年，蒙嵯颠率领大军进攻西川。因为边防松懈，嶲、戎二州迅速沦陷。毫无防备的杜元颖率兵仓促迎战，被南诏军大败。蒙嵯颠乘胜追击，攻破梓州、成都，掠走子民百姓、能工巧匠、珍珠财宝无数。当这些百姓被南诏军挟至大渡河时，蒙嵯颠道："往南即为吾国边境，现听任尔等哭别故乡。"川人哭声震地，因不肯去国离乡而投水自尽者达数千人。

杜元颖被就地免职，贬为邵州刺史，后又贬。时任东川节度使的郭钊临危受命，兼任西川节度使，与南诏议和。

郭钊乃是名将郭子仪之孙，他的父母便是著名的"醉打金枝"故事的主人公郭暧和升平公主。在郭钊的极力周旋之下，蒙嵯颠同意退兵，但是上表请求唐王朝将杜元颖处死，以惩罚他对西川和南诏人民犯下的罪过。唐文宗无奈，最终将杜元颖贬为循州司马。

杜元颖留得一命，而西川的百姓为此牺牲者不计其数。这一场浩劫再度令西川元气大伤。节度使郭钊因病不能理事，朝廷便指派了一代贤相李德裕镇蜀。

李德裕出身著名的门阀大族赵郡李氏，以门荫入仕，其父为名相李吉甫。

李德裕德才兼备，颇具政治才能，被李商隐称为"万古良相"，梁启超甚至将他与管仲、商鞅、诸葛亮、王安石、张居正并列，称他是中国六大政治家之一。但是他的仕途并不怎么顺利，早年因为避父嫌疑四处游宦，后来又因为"牛李党争"屡遭贬谪。

大和四年，李德裕入蜀。跟当年的武元衡一样，李德裕所面对的也是个百业凋敝、民不聊生的烂摊子。不过，他并不像武元衡那样多愁善感，他是一个雷厉风行的实干家。他到任以后的首要任务便是直奔主题——撸起袖子整顿边防，他亲自对当地的山川地理、道路关隘进行详细的调查研究，绘制了军事地图。同时，遣使者到南诏要回了被俘的僧道、百姓和工匠，由此慢慢开始重建西川。

再度亲历灾难、目睹战争之惨烈的薛涛对于李德裕这样的实干家来治理西川，必然是备感欣慰的。何况李德裕还跟她有一个共同爱好，那就是侍花弄草。在此期间她曾与之和诗。

棠梨花和李太尉
吴钩蕙圃移嘉木，正及东溪春雨时。
日晚莺啼何所为，浅深红腻压繁枝。

棠梨乃指海棠，李德裕曾在江浙为官多年，甚爱海棠，特意将之带到了成都，薛涛从此也开始种海棠，并且成果还错，"浅深红腻"，花枝累累。

李德裕治理西川这两年，西拒吐蕃，南平蛮蜒，西川百姓得以从创痛中休养生息，生活暂时恢复了宁静。为了加强战备，筹措边事，大和五年（831），李德裕建了"筹边楼"，此楼不但作为军事要塞，也作为与边疆各少数民族首领会见议事的场所，具有重要的军事战略意义。

筹边楼建成以后，李德裕举行了盛大的落成仪式，并邀请了蜀中名流登楼共览，以聚士气。薛涛也在受邀贵宾之列。筹边楼位于今四川理县，距离她所住的成都碧鸡坊颇有一段距离，年届五旬的她欣然前往，这等利国利民的大事她一向都责无旁贷。

筹边楼雄伟壮观，高踞于一块天然巨石之上，通高十八米，为正方形二层重檐歇山式木结构建筑。登楼远眺，只见群山逶迤，飞鸟盘旋，杂谷脑河在脚下蜿蜒远去，令人豪气顿生。

这种场合少不了要赋诗留念的，薛涛当仁不让，留下了她的生平力作《筹边楼》：

> 平临云鸟八窗秋，壮压西川四十州。
> 诸将莫贪羌族马，最高层处见边头。

首两句以夸张的手法写筹边楼的气势，其高与云鸟相齐，站在楼上，可总览八方秋色，俯瞰西川大地。可见此楼选址极佳，有着极其重要的战略意义和不可挑战的威严。据《蜀中广记》记载："《唐书》：李德裕建筹边楼于成都府治之西，四壁图蛮夷险要，日与习边事者筹划其上。"因此啊，守关的将士们更要意识到节度使的苦心和期望，不要贪恋周边少数民族的马匹和财物，要将目光放长放远，以大局为重，保护西川大地的平安。

明人胡震亨评价薛涛的诗作"工绝句，无雌声"，这首诗尤为体现得淋漓尽致。有人认为她作品中的"无雌声"是为了迎合男权社会的认同，刻意洗去笔端的雌态，我却觉得，若非其人心中自有风骨，断不能有此等开阔的气度与格局。单看诗句，一般人会误以为作者是一个胸有百万甲兵的军中主帅，很难想象这是女子的手笔。不论是遣词用字还是诗中的教诫之意，都显得壮阔大气，格局恢宏，读来有一种俯视群雄的女王气场。写这首诗时的薛涛，不止是一个校书或者诗人，她是一个对这块土地饱含深情的严肃长者，诗中蘸满了战争留给她的惨痛记忆和她对边关将士的殷切期望，其沉痛的心情和热切的盼望跃然纸上。

从年轻的时候起，她便有一种自发的"兴亡有责"的公民意识。她虽然身处上流社会，却也饱经忧患，亲历西川半个世纪的战火。对于如何治理西川，如何扼制蛮夷的侵犯，她有着十分精深的见解。对于这些年边患问题的成因，她也有着十分深入的了解，杜元颖镇蜀期间，将士贪婪，经常强行贱买羌族人之羊马，羌人因此经常暴起反抗，导致边祸连连，南诏起兵反攻也是由此而起。因此，她毫不留情地指出了问题所在，劝诫诸将时刻警醒，莫因贪图小利重蹈覆辙。

钟惺在评价此诗："教戒诸将，何等心眼，洪度岂直女子哉，固一代之雄也！"清代著名才子纪昀也曾在《四库全书总目》中高度评赞薛涛及这首诗云："（《筹边楼》）其托意深远，有'鲁嫠不恤纬，漆室女坐啸'之思，非寻常裙屐所及，宜其名重一时。""漆室女"语出《列女传》卷三《仁智传》，鲁国漆室邑有一大龄未婚女子倚柱而啸，邻居们以为她是恨嫁，都说要帮她介绍对象，她却说道："吾岂为不嫁不乐而悲哉！吾忧鲁君老，太子幼。"纪昀以漆室女喻薛涛，乃是盛赞她的忠君忧国之襟怀。

《筹边楼》是诗人薛涛留给西川大地、留给大唐的绝唱，也写下了她最后的心愿。她希望西川的百姓能够得到和平宁静，希望这个国家能够安然度过劫难，万世长青。可是，大唐帝国已经积重难返，深陷宦官、藩镇、党争之祸中。此时在位的唐文宗已经沦为宦官的傀儡，官员的任用、政事的决策，甚至皇帝的生死安危都掌握在宦官手上，朝纲危乱，唐王朝已无回天之力。

红笺有泪

唐朝的皇帝们都特别信奉丹药，据清人赵翼《二十二史札记》所载，太宗、宪宗、穆宗、敬宗、武宗、宣宗等皇帝都因服食丹药而死。帝王对金丹服饵的迷恋也引起达官贵人的效仿，许多权贵高官纷纷放弃理想，访仙求道，以期长生不老，文人学士们也浸染其中，元稹也不例外。

元稹早年生活放浪，饮酒无度，加上数次大病，身体早就积重难返，沉迷于丹药之后更加无可救药。大和五年，元稹突发暴疾，一日即亡，春秋五十有三。白居易在《祭微之文》中明确指出元稹的死因："微之炼秋石，未老身溘然。"

元稹这一生，可以说是自毁长城的一生。《旧唐书》评价元稹"稹性锋锐，见事风生"。他太聪明了，于是总被自己的聪明所误。他太渴望成功了，于是被自己过于猛进的上进心所误。他对韦丛的深情感天动地流传千古，可是他对莺莺、薛涛、刘采春等女子却负心薄幸。他一心报国，前半生刚正不阿、屡败屡战，却始终坚持理想为国为民、呕心沥血。可几经贬谪得来的半世英名被晚年的贪婪失节所毁。他才华盖世，原本与白居易齐名并称为"元白"，死后却遭遇历朝历代的文人唾弃，连在文坛的成就也被埋没千年。他有多少可恨之处，便有多少可怜之处。

且不说他在东川和洛阳的作为，元和十三年，他被贬通州时，还亲自带着百姓开荒。长庆三年，他在同州刺史任上时，因为久旱少雨，百姓苦不堪言，他还曾经写诗"自咎"。他在那首《旱灾自咎，贻七县宰》中写道："上羞朝廷寄，下愧闾里民。"不管是否刻意作秀，他能写出这种句子来，证明他心中良知未泯。他看到了百姓的惨状，没有想要文过饰非，而是坦诚地表达了自己的焦虑和无奈，以及对于朝廷和百姓的歉疚。

元稹其人与胡兰成多有相似之处，他们一样有着建功立业的野心，最后却以"失节"留下千古骂名。在感情上，他们都对早死的发妻表达了深厚的感情，可是并不耽误他们马不停蹄地猎艳到老。他们爱才女，爱美女，每爱上一个女人都要弄出轰轰烈烈的阵仗，从恋上到抛弃也用不了多少时光。可是，情路上劣迹斑斑的他们却又特别招女人喜欢。也许，每一个女人在爱情里都是天真的，每个人都相信自己的爱情是与众不同的，不管他从前爱过多少人，又如何对待那些旧人，在正被爱着的这个女人心里，她总会认为自己才是他最终的那一个。又或者是因为懂得爱的男人太少了，当她们遇上，要么便是永远地错过，要么便只能飞蛾扑火。对于薛涛这样敏感体质的文艺女青年来说，她们绝不会选择错过。

元稹之死，最为悲恸的当属白居易，他哭了又哭，祭了又祭，写了又写，忆了又忆，竭力地向全世界表达他的哀思。薛涛却只能沉默以对。她又何尝不悲、何尝不痛，这个她曾经深爱过的男人去了，这个世界从此便永久地缺了一隅。

虽然已经多年不相往来，也不复相见，可是知道他好好地活在世上，那也是一种遥远的慰藉。她仍然能够不断地听说他的消息，知道他的喜怒哀乐，能读到他的诗作，知道他又做了些什么事情，便仿佛他在身边一般。不管他做得好也罢、坏也罢，她只是轻浅一笑。只当他是个老朋友，也让她心疼，也让她牵挂，只是，不再有火花。而今，他竟突然去了，像家里摆放的一台老电视，虽然不看它，但是长年开着听个响动，用作背景音乐，当它有一天彻底死机了，整个世界突然变得安静极了。于这漫长的无止境的安静之中，你会忍不住心生怀念。最好还是它在，虽然没什么用处，也是一种特殊的陪伴。

听到他的死讯，她也许曾摊开深红小笺想要给他写点什么。他们以才相知，以诗相恋，为他写首诗来悼念当是最合时宜的纪念方式。可是，她却一个字都不曾留下。

如果是她死在先，他应当会为她写诗吧，也许会不止一首，会不会如《遣悲怀》三首和《离思》五首那么深情动人？他最怀念的是他们东川的初识，还是江陵的重逢？他依旧会把她比作卓文君吧？他会不会恨自己当年没有做司马相如？也许她情愿先走的那个是自己，这样他起码会再在意念里深情拥抱她一次，用他举世无双的才华来铭记她。

可惜，一切就这样猝不及防地发生了，先走的是他。

他突然地离开了这个世界，像父亲薛郧的离世，韦皋的暴病，武元衡的遇刺，她生命中最重要的几个男人，都以这样突然而决绝的姿势与她永别了。

伤孔雀

大和五年秋，大名鼎鼎的"韦令孔雀"也宣告谢世。

这只孔雀自贞元十五年入西川节度使幕府，在成都生活了三十三个春秋，经历了数不清的风雨变幻，因为无知无识，与世无争，得以苟全性命于乱世。而今，它终于也倒下了。

这一神圣美丽的飞禽便如薛涛一样，终生困锁愁城。众星拱月的赞美和包围，并不能抵消内心深处的孤独。它在幕府的方寸之地里无奈地看着西川数十年的动乱和变迁，偶尔发出几声凄厉的长啸，却也无人理会。人们称之为神兽，给它戴上皇冠，贴上标签，供养它，赞美它，却又漠视它，隔阂它。它虽然身处整个西川的权力中心，却又对于西川的命运束手无策。如今，有惊无险地度过三十余年后，它终于闭上了那双美丽而安详的眼睛。

孔雀去世，众人皆以为不祥，因为薛涛的身体也随之每况愈下。冥冥之中，这只孔雀的命运已经紧紧地与她联系到了一起。她一生所经历的盛衰、荣辱，孔雀也都悉数经历了。在李德裕的治理下，整个西川得到暂时的宁静，她也在这宁静之中放松下来，疲惫如潮般袭过来，老病也如山般压下来。她像一根绷得太久的弦，争气太久了，一朝松懈便无法收拾。

听闻她病倒的消息，段文昌忧心如焚。到了他们这个年纪，疾病不可再视作等闲。

大和六年（832），段文昌再度镇蜀。十一年前，他作为西川节度使镇蜀的时候，也恰逢她生病，不过，那一次只是小恙。她写给他的诗中尚且可以自嘲青春已逝，羞于自照。而这一次，她是真的倒下了。

她离世时，李德裕尚未离任，段文昌已经至蜀，两位节度使正在交接期间。

大和六年，薛涛卒，享年五十二岁。

在最好的朋友的陪伴下，她走完了这波澜壮阔的一生。

爱是天时地利的迷信，于段文昌和薛涛也是，他们没能在合适的时候相遇，只能止步于最好的朋友。然而，在她与人间诀别的时候，是他握着她的手，轻抚她的头发，说给她最后的耳语呢喃，看她最后一次梳妆打扮。她看人间的最后一眼，眼中人是他。他与她少年相识，一生相知，几番分离又聚首，他对她了解至深，她一生的悲欢都被他看在眼里。最后，送她的也只有他一人。一生之中，能遇上这样心灵相契、性情相投的人，概率有多少呢？侥幸遇上了，还能够成为最好的朋友，虽然无法结成眷侣，依旧值得感激上苍。

他看过了她少年时绝美的容颜，欣赏过她夺目的才华，分享过她的孤独和苦涩，也见证了她衰老落寞的晚年。在她面对死亡的最后时刻，是他陪在她身边，给予最深切的安慰和告解。他还亲自为她撰写了墓志铭。人生得一知己如此，夫复何求？

碑铭事

清末著名文人，被誉为"一代诗宗"的樊增祥曾经填《满庭芳》一首，概括了薛涛的一生：

> 万里桥边，枇杷花底，闭门销尽炉香。孤鸾一世，无福学鸳鸯。十一西川节度，谁能舍、女校书郎。门前井，碧桐一树，七十五年霜。　琳琅，词半卷，元明枣本，佳语如簧。自微之吟玩，持付东阳。恨不红笺小字，桃花色、自写斜行。碑铭事，昌黎不用，还用段文昌。

短短九十五字，勾勒了女诗人的一生。

万里桥，枇杷花，孤鸾一世，十一西川节度使，女校书郎，薛涛井，梧桐树，琳琅词，佳语如簧，微之吟玩，红笺小字，碑铭事，段文昌。这些关键词组成了诗人瑰丽多舛的一生。

"昌黎"指的是韩愈。中国文学史上有两个写墓碑的大师，一个是汉朝的蔡邕，一个是唐朝的韩愈。据《钦定全唐文》统计，韩愈有碑文九十余篇，远远超过唐朝其他文人。韩愈为官屡遭贬谪，却靠为人撰写碑铭赚得盆满钵满，"时韩碑铭独唱，润笔之货盈缶"。刘禹锡在《祭韩吏部文》中也写道："公鼎侯碑，志隧表阡，一字之价，辇金如山。"元稹曾经有感于发妻韦丛生时没能跟着他享福，因此在她死后斥巨资请韩愈为其撰写了《韦丛志》，也算是了却一桩心愿。

不过"碑铭圣手"也有失手的时候。元和十二年（817），淮西之乱被朝廷平定。时任刑部侍郎的韩愈奉诏撰写《平淮西碑》，他在碑文中大力歌颂了宰相裴度的功勋，对于居功至伟的大将李愬却甚少提及，李愬之妻韦氏愤愤不平地向皇帝申诉，称碑文内容不实。唐宪宗遂命人将韩愈的碑文磨去，让段文昌重新撰写。因此，段文昌大出风头，夺了韩愈的风采。

薛涛不过小小校书郎，她的碑铭能得段文昌亲自撰写，在外人看来，无异于天大的荣耀。甚至有人因此而感叹："此女校书中之最多福者，文士或不及也。"

何宇度《益部谈资》记曰："涛墓在江干，碑题唐女校书薛洪度墓。"段文昌当年所题的墓碑与碑文经过千余年的动荡变迁早就失佚，碑文内容已不可考。如果有朝一日，这篇铭文能够被人们找到，那么，关于薛涛生平的所有疑问都将解开。

晚唐诗人郑谷曾有诗写薛涛墓，云："渚远江清碧簟纹，小桃花绕薛涛坟。朱桥直指金门路，粉堞高连玉垒云。窗下研琴翘凤足，波中濯锦散鸥群。子规夜夜啼巴蜀，不并吴乡楚国闻。"（《蜀中》

之三）诗中点名了薛涛墓的具体位置，那就是在锦江之滨，朱桥附近。据清人熊斌《鸿雪偶存》记载，至少在清道光二十九年（1849）薛涛坟仍在，位于"浣笺亭外里许"，"有大阜高丈余介其中，即薛涛坟"。坟的四周皆是竹林，"广可数亩，蔚然深秀"。三十多年后，光绪九年（1883），四川总督丁宝桢的幕僚沉寿榕再访薛涛坟时，竹林已毁于兵燹，高阜亦夷为平地，"胜境日成旷址，墓址几不可辨"。于是，他便与几个同僚一起将墓地重新修葺，重镌墓碑。直到二十世纪六十年代之前，重修的墓碑等都完好保存于四川大学校园内，至十年动乱时被毁。

在今天的成都望江楼公园内，散布着吟诗楼、薛涛像、薛涛井、薛涛墓、薛涛纪念馆等一系列与薛涛有关的建筑，人们根据前人的记载在薛涛墓旁栽种了桃花、翠竹，按照想象中薛涛的样子为她塑了像。在薛涛纪念馆中，有总长 60 米的精致壁画还原了诗人的一生，8 根洪柱上雕刻着她流传下来的 94 首诗歌名，还有复制的"薛涛笺"以及张大千等著名画家所画的薛涛画像，还有许多与女诗人相关的楹联。

望江楼上悬挂的楹联：

> 古井冷斜阳，问几树枇杷，何处是校书门巷？
> 大江横曲槛，占一楼烟雨，要平分工部草堂。

濯锦楼的楹联：

> 乐籍中亦有传人，花笺价重，茗碗香浓，节度久无闻，
> 请看万里桥边，只剩校书遗迹在；

草堂外别开生面，杨柳楼新，枇杷巷古，微之具真识，试颂七言碑什，也随给事始名传。

薛涛井旁的楹联：

此间寻校书香冢白杨中，问他旧日风流，汲来古井余芬，一样渡名桃叶好；

西去接工部草堂秋水外，同是天涯沦落，自有浣笺留韵，不妨诗让杜陵多。

她是川蜀文化史上一笔宝贵的财富，每一个成都人都以这个女子为荣，他们将她与诗圣杜甫相比，盛赞她为川蜀所做的贡献。

诗魂不息

人们说一个人会死三次，第一次是他的呼吸停止，不再与这个世界发生关联；第二次是他的肉体陨灭，从这个世界上消失；第三次是他的名字最后一次被人念起。那么，薛涛无疑已获得永生。尽管她已经离开这个世界一千多年，仍然不断地有人在怀念着她，并且，将永远有人深切怀念着她。

那些捕风捉影的爱情故事，已成云烟。人们记住的是她的才华，是大唐永远的孔雀，是成都的美丽女儿，是西川的骄傲。最终，她以诗传世，以才留名。

南宋计有功的《唐诗纪事》中记载了这样一个故事。进士杨蕴中因事下成都狱，梦到一妇人自命薛涛，赠了一首诗给他：

玉漏声长灯耿耿，东墙西墙时见影。

月明窗外子规啼，忍使孤魂愁夜永。

这首诗被《万首唐人绝句》收录其中，归于薛涛名下。

明人李昌祺著小说《剪灯余话》中有一篇《田洙遇薛涛联句记》，记录了明朝书生田洙与薛涛的鬼魂对诗联句的故事，还煞有其事地记了四首《落花联句》《月夜联句》《四时词》《懊恼曲》。明本的《薛涛诗》收录了其中的《落花联句》和《月夜联句》。

在人们的想象中，她成了鬼魂，依旧爱诗、作诗，诗魂不散不息。后世文人士子仍以与其和诗联句为荣，对于她的诗作，也给予了高度的评价："唐有天下三百年，妇人女子能诗者，不过十数。最佳者，薛洪度、关盼盼而已。"（明徐𤊹《红雨楼题跋记》）"薛涛才情，标映千古，细看其诗，直高中唐人一格。"（明郭炜《古今女诗选》）"可以伯仲杜牧。"（李昌祺《剪灯余话》）

据南宋晁公武《郡斋读书志》记载，薛涛著有《锦江集》5卷、诗500多首，在北宋以前存有蜀刻本，至南宋已佚，不可考。目前我们可以见到的薛涛诗歌专集是明代万历年间根据杨慎家藏抄本所刻的《薛涛诗》一卷，录85首。《全唐诗》中存有薛涛诗89首，张蓬舟先生的《薛涛诗笺》考证后删去误收的薛能所作的《牡丹》，补入《四友赞》《浣花亭》《朱槿花》三首，共计91首。

薛涛现存的诗作中大多为七绝，间以极少数的五律、七律、六言和杂言。因此，历来都认为她"工于小诗"，《唐诗纪事》中也说"涛好制小诗"。不过，明末钱谦益《绛云楼书目跋》中曾提到，绛云楼中原藏有宋刻唐诗数册："中多未见诗，如薛涛，世但传其绝句耳，此中载涛律诗甚多。"顺治七年（1650）农历十月初二夜，绛云楼毁于一场大火，这是中国藏书史上极为惨痛的一次损失，许多宋刻唐诗焚于火中，连同薛涛的那些律诗作品，人们从此无福得见。

如今我们所能看到的作品只是她诗作中的五分之一，关于她的生平记载更是吉光片羽。对于这样一个在中国文学史上举足轻重的女诗人，《新唐书》和《旧唐书》皆无一字记载，其余的民间笔记如《笺纸谱》《唐诗纪事》《云溪友议》等关于其生的记叙也都是简略到极致。正如胡云翼在《中国妇女与文学》中所说："一部《二十四史》，只是一部男性活动史，无论从哲学史、经济史、政治史等各方面去观察，哪里有了女性的篇幅？"

清代女诗人沈善宝编写了一本《名媛诗话》为闺阁立传，她在此书自序中写道：

> 窃思闺秀之学，与文士不同；而闺秀之传，又较文士不易。盖文士自幼即肄习经史，旁及诗赋，有父兄教诲，师友讨论。闺秀则既无文士之师承，又不能专习诗文，故非聪慧绝伦者，万不能诗。生于名门巨族，遇父兄师友知诗者，传扬尚易；倘生于蓬荜，嫁于村俗，则湮没无闻者，不知凡几。

这一段话将历代才女的命运之悲之难剖析得淋漓尽致。男人自幼读书习文是天公地道，有父兄师友教导、交流、促进，还有妻、母照应生活，免去其后顾之忧，整个社会都会合力去帮助扶持他们学习成材。而"女子弄文诚可罪"，女子的任务是要把自己培养成一个贤妻良母，学习烹煮洒扫、刺绣女红，不论是社会还是家庭，都很少有能供女子学习诗赋的土壤。

名垂千古

在唐朝，女子的社会地位和生活环境相对其他朝代来说要宽松不少，女子有了一定的受教育和参政的机会。因此，初唐时代才能有武则天、韦后、太平公主、安乐公主、上官婉儿等女子活跃在政坛，甚至出了中国历史上唯一一个女皇帝。然而，她们的影响力依旧不能与男性抗衡。到了唐朝中晚期，女性的活动范围又再次收拢、缩小。

唐代著名文学家李华在《与外孙崔氏二孩书》中道："妇女亦要读书解文字，知古今情状。事父母舅姑，然无可咎。"可见唐朝的风气是在一定范围内允许女性读书识字，但是学习的目的是为了更好地通晓领悟社会对于女性的要求，使之成为一个合格的"贤妇"，而不是为了让她们像男人一样去参与和影响社会进程。

在这样的大环境之下，能学会作诗的女子都是天资过人的才女。然而，这种才能是不被家庭和社会所鼓励的。比如，元朝有个妇人叫孙蕙兰，善五、七言近体诗，她的父亲是个著名的音乐家，她的丈夫是个诗人，这是一个相对来说比较开明的家庭，可是她每隔一段时间就把自己的诗作全部烧掉，则曰："偶适情耳，女子当治织纴组紃，以致其孝敬，辞翰非所事也。"《红楼梦》中宝钗也曾严肃地告诫林黛玉说："就连作诗写字等事，原不是你我分内之事……你我只该做些针黹纺织的事才是，偏又认得了字。既认得了字，不过拣那正经的看也罢了，最怕见了些杂书，移了性情，就不可救了。"在封建社会里，女人若能识文解字，那么最好是看

《女诫》《女则》和《女论语》之类的"正经书"，训练自己的身心更好地履行相夫教子和侍奉舅姑的任务，而不是去吟诗作赋与男人争锋。

身为女子，即使她们天赋过人、排除万难学会了作诗，作品也难以流传下来。除非是出身于名门望族，家人亲朋中有同为爱诗之人，当然还得是男人，因为只有他们，才有社交传播的能力，这样才可能把这些诗词传播留存下来，如果是生在穷乡僻壤，嫁予凡夫俗子，那么，不论多么才华横溢，都将被湮没。

可见，在封建社会里，成长为一个女诗人有多难。

从某些方面来说，薛涛是幸运的，她天赋过人，同时又有一个开明的父亲，愿意教授她写诗作文，成年后又进入节度使幕府工作，成为社会名流，不断地打破樊篱，进而诗名远播，流传千古。比起一般的女子来说，她的活动面要宽广得多，可写可咏的题材也更丰富得多。同时，她接触交往的都是当时的才子名士，他们间接地扩大了她的影响力，又因为与他们的酬唱，使她的诗作得以更多地流传下来。

同时，她又是不幸的。她虽然满腹才华却不能去参加科考实现自己的理想抱负，要想获得一份谋生的工作就需要沦入乐籍成为贱民，并且从此低人一等无法再与良人通婚。这一切，都不过因为她是女人。身在男尊女卑的封建社会，她需要时刻注意不要触碰男权的底线，以免遭遇无妄之灾。虽然她一生之中努力地保持不卑不亢的气节，但是，比起男人来，她无疑是活得累极了。

当我们回顾薛涛的一生，我们会很遗憾地发现，她如果不走这条路，她一身的才华和抱负完全不可能实现。如果她当年选择嫁人生子而不是进入幕府，那么她根本无法与那些同时代一流的文人才子们交流唱和，她也无法投入大笔的时间专心地漫游于诗词世界里，无法触及这个国家与人民深沉的悲怆与绝望。

清人刘楚英在《乐山舟次戏题薛涛小像》中写道："节度谁知女校书，生来枝叶几曾舒。"这两句诗一针见血地指出了薛涛一生的苦处。她生有乔木之资，却硬生生被男权社会拗成一株盆景，在他们赋予的狭小空间里，痛苦地扭曲着自己的枝枝叶叶，以供玩赏。虽然她后来遇上明主，终于重获自由，将自己的枝叶伸展开来，恢复一株乔木本来的英姿，但是她的头上始终有一块天花板是她永远也无法突破的。以她之才，为官入仕并不比男人差，但是，她也只能止步于西川幕府里的一个女校书。

在那样一个逼仄的时代，薛涛尽了自己最大的努力，成为中国古代妇女中的一个标杆，向历朝历代的男人证明了，谁说女子不如男？

那个璀璨的诗歌盛世已经逝去千年，而那些灿若星辰的名字却永远刻在人们心中，薛涛也是其中光彩夺目的一颗，在中国的文学史、书法史、造纸史上，她都是不容忽视的一个重要存在。

在成都的望江楼公园内，无数的游人瞻仰着她的遗迹和生平，拜谒她的孤坟。

一个古代女子，在她的墓碑上，不是某某的夫人、某某的母亲，不是"某门某氏"，而是有职业有名有姓有字的，这是史上一个珍贵的特例。即使是大唐帝国的女皇帝、中华历史上唯一一个女皇帝武则天，她的原名也至今未有定论，而薛涛却以她过人的才华和高洁的人格，在历史上清清楚楚、掷地有声地刻下了她的姓名——大唐女校书薛涛，壮哉薛涛！

鉴诚录·卷十·蜀才妇　　后蜀　何光远

　　吴越饶营妓，燕赵多美姝，宋产歌姬，蜀出才妇。薛涛者，容姿既丽，才调尤佳，言谑之间立有酬对。大凡营妓比无校书之称。韦公南康镇成都日，欲奏之而罢，至今呼之。故进士胡曾有赠涛诗云："万里桥边女校书，枇杷花下闭门居。扫眉才子知多少，管领春风总不如。"涛每承连帅宠念，或相唱和，出入车舆，诗达四方。□□□□应衔命使车，每届蜀求见涛者甚众。而涛性亦狂逸不□，所有见遗金帛往往上纳。韦公既知且怒，于是不许从官。涛乃呈《十离诗》情意感人，遂复宠召，当时见重如此。《犬离主》："出入朱门四五年，熟知人性足人怜。近缘咬著亲情客，不得红丝毯上眠。"《鱼离池》："戏跃池中四五秋，常摇朱尾玩银钩。近缘戏触红莲折，不得随波自在游。"《鹦鹉离笼》曰："惯向侯门养此身，飞来飞去羽毛新。近缘出语无方便，不得笼中再唤人。"又《竹离丛》曰："蓊郁栽成四五行，常持坚节覆秋霜。近缘春笋钻阶破，不得垂枝对画堂。"又《珠离掌》曰："一颗明珠内外通，分明皎洁水精宫。近缘一点瑕相累，不得终朝在掌中。"又女郎张窈窕，少年居蜀，下笔成章，当时诗人雅相推重。有《上成都从事》诗曰："昨日卖衣裳，今朝卖衣裳。衣裳浑卖尽，羞见嫁时箱。有卖愁仍缓，无时心转伤。故园胡虏隔，何处事蚕桑。"又悲光寺近有尼海印，才思清峻，不让名流。有《舟夜》一章颇佳，诗曰："水色运天色，风声益浪声。旅人归思苦，鱼叟梦魂惊。举棹云先到，移舟月逐行。旋吟诗句罢，犹见远山横。"

唐才子传·卷六　元　辛文房

薛涛，字洪度，成都乐妓也。性辨惠，调翰墨。居浣花里，种菖蒲满门。傍即东北走长安道也。往来车马留连。元和中，元微之使蜀，密意求访，府公严司空知之，遣涛往侍。微之登翰林，以诗寄之曰："锦江滑腻峨嵋秀，幻出文君与薛涛。言语巧偷鹦鹉舌，文章分得凤凰毛。纷纷词客皆停笔，个个公侯欲梦刀。别后相思隔烟水，菖蒲花发五云高。"及武元衡入相，奏授校书郎。蜀人呼妓为校书，自涛始也。后胡曾赠诗曰："万里桥边女校书，枇杷树下闭门居。扫眉才子知多少，管领春风总不知。"涛工为小诗，惜成都笺幅大，遂皆制狭之，不以为便，名曰"薛涛笺"。且机警闲捷，座间谈笑风生。高骈镇蜀门口，命之佐酒，改一字惬音令，且得形象，曰："口似没梁斗。"答曰："川似三条椽。"公曰："奈一条曲何。"曰："相公为西川节度，尚用一破斗，况穷酒佐杂一曲椽，何足怪哉！"其敏捷类此特多，座客赏叹。其所作诗，稍欺良匠，词意不苟，情尽笔墨，翰苑崇高，辄能攀附，殊不意裙裾之下出此异物，岂得匪其人而弃其学哉。大和中，卒。有《锦江集》五卷，今传，中多名公赠答云。

笺纸谱　元　费著

古者书契多编以竹简，其次用缣帛。至以木肤、麻头、敝布、鱼网为纸，自东汉蔡伦始。简太重，缣稍贵，人遂以纸为便。伦，宦者也，传多称其能。然受宫掖风旨谄亲贵，犹宦者态也。智足以创物而亦足以杀身。第于文字有功，人至今传蔡伦纸。今天下皆以木肤为纸，而蜀中乃尽用蔡伦法。笺有玉板，有贡余，有经屑，有表光。玉板、贡余杂以旧布、破履、乱麻为之，惟经屑、表光非乱麻不用。于是造纸者庙以祀蔡伦矣。庙在大东门雪峰院，虽不甚壮丽，然每遇岁时，祭祀香火累累不绝，示不忘本也。恩足以及数十百家，虽千载犹不忘如此。

易以西南为坤位，而吾蜀西南重厚不浮，此坤之性也。故物生于蜀者，视他方为重厚，凡纸亦然，此地之宜也。府城之南五里有百花潭，支流为一，皆有桥焉，其一玉溪，其一薛涛。以纸为业者，家其旁。锦江水濯锦益鲜明，故谓之锦江。以浣花潭水造纸故佳，其亦水之宜矣。江旁凿臼为碓，上下相接，凡造纸之物必杵之使烂，涤之使洁，然后随其广狭长短之制以造，研则为布纹、为绫绮、为人物花木、为虫鸟、为鼎彝，虽多变亦因时之宜。

纸以人得名者，有谢公、有薛涛。所谓谢公者，谢司封景初师厚。师厚创笺样以便书尺，俗因以为名。薛涛，本长安良家女，父郧因官寓蜀而卒，母孀，养涛及笄，以诗闻外，又能扫眉涂粉，与士族不侔，客有窃与之宴语。时韦中令皋镇蜀，召令侍酒赋诗，僚佐多士，为之改观。期岁，中令议以校书郎奏请之，护军曰"不可"，遂止。涛出入幕府，自皋至李德裕，凡历事十一镇，皆以诗受知，其间与涛唱和者，元稹、白居易、牛僧孺、令狐楚、裴度、严绶、张籍、杜牧、刘禹锡、吴武陵、张佑，余皆名士，记载凡二十人，竞有酬和。涛侨止百花潭，躬撰深红小彩笺，裁书供吟，献酬贤杰，时谓之薛涛笺。晚岁居碧鸡坊，创吟诗楼，偃息于上，后段文昌再镇成都，太和岁，涛卒，年七十三，文昌为撰墓志。谢公有十色笺，深红、粉红、杏红、明黄、深青、浅青、深绿、浅绿、铜绿、浅云，即十色也。杨文公亿《谈苑》载韩浦寄弟诗云："十样蛮笺出益州，寄来新自浣花头。"谢公笺出于此乎。涛所制笺，特深红一色尔，伪蜀王衍赐金堂县令张蠙霞光笺五百幅，霞光笺疑即今之彤霞笺，亦深红色也，盖以胭脂染色最为靡丽，范公成大亦爱之。然更梅溽则色败萎黄，尤难致远，公以为恨，一时把玩，固不为久计也。涛以笺名可矣，虽良家女乃失身为妓，韦尹欲官之，段尹志其墓焉，何哉？时幕府宾客多天下选一，时纵适不少敛，大抵唐藩镇不度，皆习然也。涛固得之，而诸公似以涛失云。

纸固多品，皆玉板、表光之苗裔也。近年有百韵笺，则合以两色材为之，其横视常纸长三之二，可以写诗百韵，故云人便。其纵阔可以放笔快书。凡纸皆有连二、连三、连四（售者连四，一名曰"船"）。笺又有青白笺，背青面白；有学士笺，长不满尺；小学士笺，又半之。仿姑苏作杂色粉纸，曰假苏笺，皆印金银花于上，承平前辈盖常用之，中废不作，比始复为之然。姑苏纸多布纹，而假苏笺皆罗纹，惟纸骨柔薄耳，若加厚壮，则可胜苏笺也。

蜀笺体重，一夫之力仅能荷五百番。四方例贵川笺，盖以其远，号难致。然徽纸、池纸、竹纸在蜀，蜀人爱其轻，细客贩至成都，每翻视川笺价几三倍。范公在镇二年，止用蜀纸，省公帑费甚多。且怪蜀诸司及州县，缄牍必用徽池纸，范公用蜀纸，重所轻也。蜀人事上则不敢轻所重矣，此以价大小言也。余得之蜀士云：澄心堂纸取李氏澄心堂样制也，盖表光之所轻脆而精绝者，中等则名曰玉水纸，最下者曰冷金笺，以供泛使。

广都纸有四色，一曰假山南，二曰假荣，三曰冉村，四曰竹丝，皆以楮皮为之。其视浣花笺纸最清洁，凡公私簿书、契券、图籍、文牒，皆取给于是。广幅无粉者，谓之假山南；狭幅有粉者，谓之假荣造；于冉村，曰清水造；于龙溪乡，曰竹纸。蜀中经史子籍，皆以此纸传印。而竹丝之轻细似池纸，视上三色价稍贵，近年又仿徽池法作胜池，亦可用，但未甚精致耳。

双流纸出于广都，每幅方尺许，品最下，用最广，而价亦最贱。双流实无有也，而以为名，盖隋炀帝始改广都曰双流，疑纸名自隋始也。亦名小灰纸。

参考文献

1. 刘天文《薛涛诗：四家注评说》，四川出版社巴蜀集团 2004 年版。

2. 苏者聪《闺闱的探视——唐代女诗人》，湖南文艺出版社 1991 年版。

3. 张蓬舟《薛涛诗笺》，四川人民出版社 1982 年版。

4. 陈寅恪《元白诗笺证稿》，生活·读书·新知三联书店 2001 年版。

5. 谭正璧《中国女性文学史话》，百花文艺出版社 1984 年版。

6. 梁乙真《中国妇女文学史纲》，上海书店 1990 年版。

7. 胡文楷《历代妇女著作考》，上海古籍出版社 1985 年版。

8. 傅璇琮《唐代科举与唐代文学》，陕西人民出版社 2003 年版。

图书在版编目（CIP）数据

大唐孔雀薛涛：繁华深处，孤独向晚 / 西湘著.
—郑州：中州古籍出版社，2019.5
（才女书系）
ISBN 978-7-5348-8567-9

Ⅰ.①大… Ⅱ.①西… Ⅲ.①薛涛（768～832）—传
记 Ⅳ.①K825.6

中国版本图书馆CIP数据核字（2019）第062909号

选题策划：梁瑞霞
责任编辑：张　雯
责任校对：王淑玲
装帧设计：曾晶晶

出版发行　**中州古籍出版社**
　　　　　地址：河南省郑州市郑东新区金水东路39号
　　　　　邮编：450016
　　　　　电话：0371-65788693
经　　销　新华书店
印　　刷　河南瑞之光印刷股份有限公司
版　　次　2019年5月第1版
印　　次　2019年5月第1次印刷
开　　本　640毫米×960毫米　1/16
印　　张　15印张
字　　数　150千字
定　　价　39.80元

本书如有印装质量问题，由承印厂负责调换。